知的生きかた文庫

小さな悟り

枡野俊明

三笠書房

はじめに――人生や生活の本質を知る99のヒント

本書のタイトルは『小さな悟り』。

「悟り」と聞くと、難しいことのように感じられるでしょうか。

いえいえ、難しくはありません。ですから、あたかも難題に挑むかのように、大上段に構えてこの本を読みはじめる必要はないのです。

本書でいう「小さな悟り」とは、絶えず変化する出来事にいちいちとらわれて、あれこれ考え込むことなく、自然な流れのままに行動することです。

たとえば、「雨が降ってきたから傘をさす」「のどがかわいたから水を飲む」「汗をかいたからシャワーを浴びる」「疲れたからひと休みする」、そのくらいシンプルに、日々の思考と行動を捉えることです。

つまり、「小さな悟り」とは、「当たり前のことを当たり前にやる。そこに人生の答えがあると理解する」こと。けっして難しいものではありません。

現代人は何事につけ、「考えすぎる」ような気がします。

物事をわざわざ複雑に捉えて、悩みの深みにはまっていくところがあるのです。結果、「始終考え事ばかりして、何も行動できない人」になってしまわないとも限りません。

先の例でいえば、雨が降ってきたときに、「この雨は何かに汚染されているかもしれない」などと考えていると、「すぐに傘をさす」という当たり前の行動が取れなくなってしまうでしょう。

「深く、ややこしく考えるから、動けなくなる」わけです。

別のいい方をすると、「物事はなるようになるという小さな悟りがあれば、考えるまでもなく行動できる。いまに集中して、やるべきことをやれる」ということです。

いまの世の中は、好むと好まざるとにかかわらず、「こうするべきだ」「こう考えるべきだ」「こっちがいい、あっちがいい」など、さまざまな情報が流入してきます。

そういった情報を気にしてばかりいると、自分自身の価値観・判断力は間違いなく鈍化します。あちこちから情報を引っ張ってきては比較し、「どうすれば自分が周囲からより高く評価されるか」など損得を考えてからでないと行動できないようにもなります。それもまた、「小さな悟り」から遠いものといわざるをえません。

この本では、余計な考え・迷い・情報を取り除いて、人生や生活の本質を直視してシンプルに行動するための、ちょっとしたヒントを書かせていただきました。

困ったとき、悩んだとき、迷ったとき、ページをめくってみてください。いろいろな考えが頭の中に渦巻いて身動きが取れなくなりそうな自分を、「小さな悟り」によって救い出すことができると思います。

ぜひ、この一冊を常に身近に置いて、あるいはどこに行くにも携帯して、いつでもどこでも読んでいただきたい。本書が、みなさんの生き方・暮らし方をよりよい方向に導く一冊になることを願っています。

合　掌

二〇一八年五月吉日　建功寺方丈にて

枡野俊明

目次

2章

人間関係に悩んだら
——禅的に「関わり方」を変えてみる

3章

仕事で困ったら
――「ご縁」にしたがうと、すべてが好転する

4章

老いを感じたら

──変化に逆らわない、変化を受け入れる

5章

将来が不安なら

――「いま」できることだけに、集中する

編集協力／千葉潤子
本文ＤＴＰ／株式会社Ｓｕｎ Ｆｕｅｒｚａ

1章

人生に迷ったら

──「無常」を生きるキーワードにする

1

まず、「無常」を深く受け入れる

――「小さな悟り」はここからはじまる

●世の中のすべてのことは「常ならず」

「諸行無常」は、仏教の根本思想の一つ。「森羅万象、この世で起こることは一切が、片時も留まっていない」という教えです。

ところが人間というのは、自分に降りかかる変化を嫌って、「無常」に逆らおうとします。どんなにがんばって無理をしても、無常を打ち負かすことはできないのに。

まずは無常を深く受け入れましょう。逆らってジタバタともがくより、無常の流れに身を任せることにエネルギーを使ったほうがいい。気持ちがラクになるし、人生も必ずいい方向に向かっていきます。

折に触れて、自分自身に向かって「無常、無常、諸行無常。すべてのことは常ならず」などとつぶやいてみてはいかがでしょうか。もしあなたがいま、好ましくない状況にあっても、「やがてよくなるさ」と思えてきます。逆にいまが絶好調であれば、「同じ状況が長く続くとは限らない。有頂天になってはいけない」と気持ちが引き締まります。

「無常」という考え方を、よりよく生きるためのキーワードにしましょう。

2

絶対、無理をしない

——そうすれば、「苦痛」が消えていく

●なぜ、禅では「雲」という言葉がよく使われるのか

たとえば体力・気力が衰えていると、いつもどおりに仕事をすることはできません。それなのに「いや、自分は衰えを知らない人間のはずだ」「どんな状態であれ、成果は出さなければいけないんだ」とがんばり続けたとしたら、どうなるでしょうか。

体と心に苦痛を強いたり、成果が上がらないと悩んだりすることになります。

それは当たり前のこと。常に変化する心身の状態に合わせて休む、もしくはペースダウンをしながら仕事をしていれば、「苦」も「悩み」も生じないのです。

禅にはよく「雲」という言葉が出てきます。「白雲自在」「雲無心出岫（雲無心にして岫を出ず）」「坐看雲起時（坐しては看る雲の起こるとき）」などなど。いずれも、「空に湧き上がった雲が、風の吹くままに自在に形を変えながら、しかし雲としての本質・本分を失うことなく、ゆうゆうと流れていく。そして、やがて跡形もなく消えていく」ことを生き方になぞらえた言葉です。理想的な生き方だと思いませんか？

心身がきつくなったら、雲を眺める。そこに「無常に逆らってもしかたがない。無理は禁物だ」という「小さな悟り」が見つかると思います。

3

日常の小さな変化に気づく

――それは、一つの「小さな悟り」

●その考え事をやめ、景色に目を向けよう

「毎日が同じことの繰り返し。『無常』を感じろといわれても……」

と思う人も少なくないでしょう。

しかし、それは日々の忙しさにまぎれて、「無常」に対する感性が錆(さ)びついているからかもしれません。

通勤途中でも、散歩に出た道すがらでも、あるいは家や会社の窓から外を眺めたときでも、意識して自然の移ろいに目を向けるといいでしょう。

たとえば春になれば、桜の木の枝につぼみが現れます。そのつぼみが日ごとにふくらんで花が開いていくさまがつぶさに見て取れます。夏が近づくと草いきれがしだいに強くなっていくことに、秋が深まるにつれて落葉樹の葉が少しずつ色を変えることに気づくし、冬は朝に地表を覆う霜を発見して寒さを実感するでしょう。

それは「小さな悟り」のようなもの。自然の営みが見せる刻々の変化を感じ取れるのは、心にゆとりがあって、「無常」に対する感性が鋭敏になっているからです。逆にいえば、「無常」を感じることは心のゆとりをつくることでもあるのです。

4

不幸はあって当たり前

――不幸を幸に転じる考え方

●「これも巡り合わせだ」と考える

私はよく幸不幸を山と谷にたとえます。

山の頂上から望む景色はすばらしいものです。しかし、そのすばらしい景色も毎日見ていたら、当たり前になります。感動が得られないのです。

では、谷からよいしょ、よいしょと、長い苦労をしてのぼってきたらどうでしょう？　眼前に広がる景色に感動して、心は大きな幸福感で満たされます。

つまり、不幸に思える苦労があるからこそ、幸福の度合いが増すのです。いいかえれば、不幸も幸もあるから、人生は豊かになる、ということです。

幸せな日々が長く続く人生はありえません。よしんばあったとしても、幸せが日常になるので、幸福感を得ることができないのです。

不幸な出来事があっても、苦労続きの日々が続いても、そうなってしまったものはしょうがない。それも巡り合わせですから、斜に構えず、よけようとせず、正面から受け止めましょう。そのうえで地道にコツコツと、できることをやっていく。そうすれば、不幸を成長の糧（かて）にできるし、やがて不幸が幸に転じます。

5

過去に心を注がない

――「いま」にひたすら集中する

●ポイントは「潔く忘れる」こと

「無常」という観点に立つと、私たちがいましていることは一瞬にして過去になるとわかります。その過去は、どんなに抗ってみたところで、取り返しがききません。

そんなことは誰もが知っているはずですが、「あんなことをしなければよかった」「あんなことをいわなければよかった」と悩む人のなんと多いことか。

知っておいていただきたいのは、将来を決めるのは過去の積み重ねではない、ということです。正しくは「いま」の積み重ね。「同じじゃないですか」と思うかもしれませんが、違います。やり直しのきかない過去と違って、「いま」なら、どうにでもなるからです。たとえ失敗という形で過去になったとしても、また「いま」に集中して生きていけばいいのです。「いま」を積み重ねるとは、そういうことです。

そうしてうまくいくと、結果、過去の価値が変わります。「あの過去があったから、いまの自分がある」というふうに。逆に、過去がいくらうまくいっていても、いまがダメだと過去の価値までも半減します。過去の栄光が〝いい気になっていた時代〟としか思えなくなるのです。ですから過去のことは潔く忘れ、いまに集中しましょう。

6

事実は「そのまま」受け入れる

——すると、最善の策が見えてくる

●「なぜ私が……」ということが起きたとしても

同じことが起きても、受け止め方しだいでそのあとがまったく違ってきます。

たとえばガンの告知を受けたとき、横浜・總持寺の貫首をされていた、私の尊敬する板橋興宗禅師は何事もなかったかのように、日々の坐禅と托鉢に励んでおられました。「いまはガンといっしょに生活するのを楽しんでいますよ」とおっしゃって。

大半の人はなかなかそんな心持ちになれないでしょう。「なぜ私が……」とガンになったことを怨み、死を恐れてうつうつと日々を過ごすか、ガンに負けまいともがいてありとあらゆる治療法を試すか、どちらかだと思います。

どう行動するかは別にして、こういうときはまず現実を受け入れることが大切です。ガンになった事実が変わらない以上、いったん受け入れるしかないのです。

別のいい方をすれば、それは覚悟を決めること。病気だけではなく、人生にはさまざまな〝ふつうに考えればマイナスのこと〟が起こりますが、それをマイナスと感じるのは自分の心です。現象は現象として受け止め、「さて、どうするか」と考えるクセをつけましょう。そして最善の方策を考え、次の一歩を踏み出してください。

7

シンプルに考え、行動する

――人生に「特別な意味」など必要ない

●「損得勘定」が、人生をややこしくする

「自分はなんのために生きているのだろう」

と考えること自体は、悪くはありません。ただ現代人は、そのときにどうしても損得勘定が働いてしまう。それがよくないように思います。

たとえば新卒でも中途でも、就職活動をするとき、「こっちの会社のほうがお給料がいいから得だな」「こっちの会社のほうが知名度が高くて自慢になるな」というように、損得感情から意味を求めると、自分の思いが影を潜めてしまいます。ここはシンプルに、「どんな会社であれ、職種であれ、仕事をすることに意味がある」と捉えてはどうでしょうか。そう定めると、縁あって入社した会社で、目の前の仕事に懸命に取り組むことができます。その中に「働く意味」はあるのです。

人生にしても、自分にできることは何かを考え、行動することに意味がある。そうシンプルに捉えるといいでしょう。「こうしたほうが得かな」「これは損だな」と考えはじめると、損得のために無理をすることになります。結果、なんのために生きているのかわからなくなり、人生がややこしくなってしまうのです。

8

「考える」よりも「感じる」

——大事なのは「肌で感じる豊かさ」

●このことに気づけるかどうか

現代人は、マスコミなどを通して伝えられる「豊かさの象徴」のようなものに振り回されている感があります。物質文明・情報化社会の進展にともない、「豊かさとはこういうものですよ。それを手に入れて、便利に利用できるのは幸せなことですよ」と思い込まされているような気がするのです。

たとえばこれだけモノがあふれ返っていてもなお、どんどん新製品が開発されています。新幹線や飛行機などの移動手段は、高速化の一途をたどっています。インターネットにより、流通する情報量は際限なく増えています。そういったものがなかった時代に比べたら、百倍、千倍、万倍も利便性が高まっているといっていいでしょう。

しかし、人々の感じる豊かさ・幸せがそれに比例して大きくなったかというと、大きな疑問が残ります。自然とともに暮らし、物欲・金銭欲が小さく、近隣の人と親しく交流した時代のほうが心はずっと豊かで、幸福感に満たされていたと思うのです。

ちょっと立ち止まり、頭を空にして真の豊かさ・幸せとは何かを考え直しませんか？　大事なのは「肌で感じる豊かさ・幸せ」に気づくことです。

9

「自分探し」なんてやめる

――「いま、ここ」にいる自分がすべて

●それは〝宝探し〟のようなもの

いっとき、若者の間で「自分探しの旅に出る」ことが流行しました。水を差すつもりはありませんが、そんなことはおよしなさい。自分など、わざわざ探しに行かなくても、いまここにいるあなたなのですから。

「自分探し」はいってみれば、宝探しのようなもの。日本には豊臣秀吉の黄金とか、徳川幕府の御用金、武田信玄の軍用金など、いわゆる埋蔵金伝説がたくさんあります。ちょっと興味を引かれて「探してみようかな」と思ったら最後、とことん探したくなるもののようです。はまっていってしまうわけです。しかし「発見した」というニュースはとんと聞きません。「自分探し」もそのくらい見つからないものなのです。

それどころか、「私は何をするべき人間なのか」と気にかけはじめると目の前にある本来やるべきことが見えなくなってしまいます。ますます自分を見失うだけなのです。

それより大事なのは「自分磨き」。「どんな玉も磨けば光る」といわれるように、いまは泥まみれの自分という原石をきれいに洗って、ひたすら磨けばいいのです。仏教ではそれを「行(ぎょう)」といいます。自分にしかない輝きを自分で磨き出しましょう。

10

一瞬、一瞬を大事にする

――いい人生をつくる極意

●仕事のときも、遊びのときも、寝るときも

人間は誰しも、いつかはこの世を旅立たなければなりません。その間、どういう人生を築き上げられるかは、一人ひとりに委ねられています。

だらだらと寝て過ごしても一生。

毎日がんばって仕事をしても一生。

どう生きようと、つまるところは毎日、毎日、もっといえば一瞬、一瞬の積み重ねが人生をつくっていきます。

何も大上段に構えて「いかに生きるべきか」を考えることはありません。その問いかけに〝立派な答え〟などないのです。あるのは、

「一瞬、一瞬を大事する」

というシンプルにして「小さな答え」だけ。仕事だけではなく、遊ぶときも、食べるときも、人と話すときも、寝るときも、何も考えずにぼーっとしているときも、いつだって、いまやるべき一つのことを大事にすればいいのです。

そういう時間を積み重ねていくことで、充実した満足度の高い人生が送れます。

11

〝ながら〟をやめる

——それは、人生を浪費しているようなもの

●「喫茶喫飯（きっさきっぱん）」という禅の教え

忙しいせいか、最近は二つ、三つのことを同時にやっている人をよく見かけます。たとえば電話しながらPCを操作する、テレビを見ながら食事をする、歩きながらスマホを見る、といった具合です。この種の〝ながら作業〟は、やめたほうがいい。どの作業も散漫になって、かえって効率が下がります。そればかりか、頭の中でいろいろな思考が錯綜（さくそう）し、五感を錆びつかせます。

とりわけこの傾向が強いのが、食事のときでしょう。「喫茶喫飯」という禅語があるように、お茶を飲むときはお茶を飲むことだけに、食事をするときは食事だけに意識を集中させたいものです。そうすれば、お茶の香りやまろやかさ、食材の味わいなどが口いっぱいに広がり、気持ちが豊かになります。

また、〝ながら作業〟は、豊かな時間を放棄するようなものです。自然の織りなす風景も目に入らず、鳥のさえずりも聞こえず、大地を踏む足の感触にも気づかず、心がかたくなってしまうのです。ときには思考を止め、五感をフル稼働させましょう。心と頭が柔軟になりますよ。

12

地道にやる

――小事がやがて大事を生む

●一足飛びに遠くには行けない

遠くだけを見て、一足飛びにそこに到達しようとすると、足下が見えなくなります。そのために石ころやわずかな段差につまずいたり、転んだりすることになります。

人生も大げさに捉えると、同じようなことが起こります。「大事を成さねば」と気負って、壮大な夢・目標を立てるのはいいのですが、現実との乖離（かいり）があまりにも大きいのは考えもの。「いざ、進まん」というときになって、何からはじめたらいいかがわからなくなってしまうからです。夢だけが漠然とあって、何もできなくなるのです。

もちろん夢・目標を持つことは大切です。ただ、それはあくまでも自分の進む方向性を見定めるためのもの。大まかにルートをつかんだら、あとは足下を見つめて、いまやるべきことをコツコツとやっていくのみ。ときおり遠い先にある夢・目標を見やり、方向性がズレていないかどうかを確認するといいでしょう。

「脚下照顧（きゃっかしょうこ）」——足下から目を逸らさないためにも、どうか毎日、帰宅したら玄関に脱いだ靴をそろえてください。そして翌朝出かけるとき、今日の確実な一歩を進めようと決意しましょう。些細なことですが、夢・目標に向かう原動力になるでしょう。

13

いつまでも、くよくよしない

――過去はコントロール不能

●正しい「失敗の忘れ方」

前に述べたように、過去はどんなに悔やんでもやり直しがききません。「過去の自分」をコントロールするのは不可能なのです。

しかし、過去を忘れてしまえばいい、捨ててしまえばいいという単純なものでもない。正しい忘れ方・捨て方があります。それが「一日を振り返る時間を持つ」こと。

みなさんも毎日、何かしら「失敗したなぁ」と思うことがあるのではないでしょうか。おそらく「何もかもうまくいった」なんて日は皆無でしょう。その大なり小なりの失敗を流さずに、あるいは「あー、イヤな一日だった」というようなマイナス方向での大ざっぱな捉え方をして落ち込まずに、原因だけをつかんでおく。そうすれば、次に同じようなことに出くわしても、失敗しないですみます。「いまの自分」をコントロールすることが可能になるのです。

短い時間でいいので、寝る前に「あの発言はまずかった。相手の気持ちを思いやらなくちゃ」「あの失敗はチェックの甘さが原因だな」などと一日を振り返ってみてください。これを積み重ねていけば、人生はけっして悪い方向には行きません。

14

素の自分をさらけ出す

——たとえば、日記を書いてみる

●自分が見たこと、聞いたこと、感じたこと、考えたこと

私の四代前の住職は、任についたその日から亡くなる二週間前まで、毎日欠かさずに日記を書いておられました。いただいたお布施をくるんであった半紙の裏に、筆で綴ったものが残されていたのです。

内容は、近所の人と話をした、煮物をいただいた、といった日常的なことから、時事的なことまで。後年、地誌・歴史の貴重な資料になると、鶴見歴史の会が活字化しています。「よく書き続けられたものだな」と頭が下がる思いです。

それはさておき、そんなに苦にならないのであれば、数行程度でも日記を書いてはいかがでしょうか。自分で読み返してなつかしむことができますし、兄弟や子、孫などに遺すメッセージにもなります。住職の日記のように、その時代を知る資料としての価値を後世に伝えることができたら、なおすばらしい。

ただし昨今のブログのように、「誰かに読まれる」ことを前提にして書くのでは価値が半減します。自分が見たこと、聞いたこと、感じたこと、考えたことをそのままに、素の自分をさらけ出す日記だからこそ価値があるのです。

15

自分にないものを探さない

――「ないものねだり」より「あるもの磨き」

●苦手なことは、いくらがんばっても上達しない

「苦手を克服しよう」とするのは、一見、立派なことのようですが、あまり意味はありません。どうしても克服しなければならない事情があるならしかたがないにしても、苦手は苦手のままにしておいてもいいではありませんか。もともと苦手なものは、なかなか上達しませんから、得意な人に任せればいいのです。

そこをすっぱり見切れないのは、「すべてにおいてハイレベルな能力を持っていないと気がすまない」からでしょう。その能力の「ある」人と比較して、自分には「ない」ことに劣等感や恥ずかしさを覚えるのだと思います。

しかし、私は私。何かの能力が欠けていても、得意なものはあるはずです。その「ある」能力に目を向けましょう。得意なことなら、人の何倍も力を伸ばすことが可能なのですから。

〝ないものねだり〟より〝あるもの磨き〟の精神でいくことが大切です。〝ないものねだり〟をしたところで、苦しいだけ。〝あるもの磨き〟のほうが、ずっと楽しく生きられるし、結果も出せます。

16

得意な仕事を追求する

――夢中になれることが才能を開花させる

●「凡庸な人間」なんて、この世にいない

「自分にしかない能力なんてありません。きわめて凡庸な人間です。とりたてて好きなこともないですね」と肩を落とす人が少なくありません。しかし明言します、そんな人はいません。得意や好きを大げさに考えているだけでしょう。

そういう人に私はよく「子どもの頃に何か、夢中になったことがあったでしょう？女の子なら人形遊びとか、男の子ならヒーローごっことか、ご飯を食べるのも忘れて遊びませんでしたか？　それがあなたの好きなことです」と申し上げます。

私の幼なじみに、プラモデルが好きだった人がいます。彼は大学の商学部に進んだのですが、四年生の夏休み頃にいきなり方向転換をしました。「プラモデルみたいな手先のことが好きだから、歯医者になることにした」と、歯学部に行き直すことにしたのです。いまは自宅で開業していて、先日も「細かい手技ほど燃えるんだよ」と笑って話してくれました。よその歯医者さんから「うちではできない。あそこは器用だから」と、患者さんが回されてくることもあるそうです。こんなふうに「子どもの頃の好き」を発展させることもできるのです。参考にしてください。

17

人のせいにしない

――「自責」が人生を好転させるカギ

●人生はすべて「因果応報」

「因果応報」と同じような意味の言葉に、「善因善果　悪因悪果」があります。「よい行ないにはよい結果、悪い行ないには悪い結果がある」ことを意味します。

つまり、身の回りで起こるすべてのことには、原因がある。その原因をつくっているのは自分自身だ、ということです。

よくないことが起きると、誰が悪い、彼が悪い、社会が悪い、時代が悪いと、外に原因を求めたくなるものですが、それは大きな間違い。外に原因を求めている限り、どんなにあがいても事態は好転しません。

大事なのは、いい結果を招くよう、日頃から「よい縁」を結ぶ努力をすることです。私はこの「縁」を「チャンス」と呼んでいます。

チャンスは誰にでも平等にやってきます。しかしチャンスに気づき、つかむことができるのは、日々努力を重ねて準備をしている人だけ。十分に手入れされた畑や田んぼに豊かな実りがあるのと同様、〝人生の果実〟も努力と準備なくしては得られないものなのです。心してください。

18

迷ったときは「どっちでもいい」

——分かれ道で悩んだらこう考える

●しいていえば「ご縁」を感じたほうを選ぶ

進学、就職、結婚などの大きな節目から、「コーヒーか、紅茶か」「残業するか、飲みに行くか」といった日常的なことまで、人生は「選んで行動する」ことの連続です。そんなときにいちいち迷っていたら、なかなか前に進めません。

なんにせよ、やってみなければ結果がどうなるかわからないのですから、「どちらを選んだっていい」のです。どんなに迷ったところで、後悔するときは後悔します。むしろ迷いが多ければ多いほど、「あっちにすればよかったかな」と後悔する要素を増やすことになるでしょう。

ここは「後悔したくない」ではなく、「どれを選んでも、いいことはある」と考えましょう。気持ちがラクになります。迷う時間を減らせます。同時に、「選んだ以上は一生懸命やろう。どんないいことがあるかを見つけよう」という気持ちになれます。

迷うことよりも大事なのは、やると決めたら、ほかの選択肢は意識の外に置いて、それを一生懸命やること。そこにある喜びが必ず見出せます。しいていうなら、「ご縁を感じたほうをやる」、それだけでいいのです。

19

「快楽」より「安楽」

——人生で大事なことはここにある

●心が平穏でいられることこそ幸福

人間は「快楽」を求めてやまない生き物かもしれません。しかし求めるまでもなく、「快楽」は日常の中にたくさんあります。たとえばおいしいものを食べて「あぁ、おいしかった」、本を読んで「あー、面白かった」、ぐっすり眠って「あー、気持ちよかった」……そういった「小さな快楽」があれば、十分ではないですか。

なぜなら、「快楽」というのは一瞬で、求めても求めても、その場で消えていくからです。「快楽」を求めすぎる人は、やがて「小さな快楽」にむなしさを覚え、もっと、もっとと「大きな快楽」を求めるようになってしまうのです。

つまり「快楽」を求めれば求めるほど、それによって得られる満足感・幸福感が小さくなる。結局、毎日イライラして一生を終えることになりかねません。

ふつうに暮らしていれば、いくらでも「快楽」は得られます。どうせなら「安楽」を求めたほうがいい。「安楽」は「快楽」の対極にあるようでいて、似ています。「小さな快楽」が積み重なって、継続していく、それが「安楽」なのです。日々、心穏やかに暮らしていくことに、人生の目標があると私は思っています。

20

悪縁を遠ざける

――そして、良縁を呼び込む

●「良縁」も「悪縁」も連鎖する

一度、ウソをつくと、辻褄合わせのためにウソを重ねることになります。

一度、悪事に手を染めると、悪い人たちが寄ってきて、さらに悪事に引っ張り込まれることになります。

いずれにせよ、「悪いことをしてしまった」という弱みを持つことで、「悪い縁」につけいる隙を与えることになるからです。

そんな人生はごめんですよね？　そうであるなら、最初から「悪い縁」とは縁を結ばないことです。

いい人生には、「いい縁」が連鎖的につながっていくものなのです。

では、「いい縁」をつなげていくにはどうすればいいか。それは、やるべきことを精一杯やり、その満足感を持って毎日を心穏やかに過ごすことです。周りにそういう人がいると、自分も元気になってきませんか？　生きるエネルギーが満ちてきませんか？　見習いたいと思いませんか？　自分自身がそんな存在になることが「いい縁」を呼び込む一番いい方法。求めずとも、「悪い縁」を遠ざけ、「いい縁」に恵まれます。

2章

人間関係に悩んだら

――禅的に「関わり方」を変えてみる

21

人はみな「生かされている」

——「諸法無我(しょほうむが)」が人間関係の基本

●この感覚を大事にしてください

仏教の「諸行無常」と並ぶ二本柱に「諸法無我」という考え方があります。「法」は「氵」に「去る」と書きます。これは、水が高いところから低いところへ流れることを意味します。この流れの方向は、いつの時代も、どこの地域でも変わらないことから「真理」を表わします。「法＝真理」です。さらにいえば「仏の説いた法」が「仏法」、その教えが「仏教」。「諸法」とはつまり、すべての真理を意味します。

一方、「無我」とは、実体がないこと。「我」という概念はあるのですが、単体では存在しえない。関係性の中に存在している、という意味です。

自分の周りには親兄弟や友人、知人などたくさんの人がいて、住んでいる地域・家があって、働く場所があって、衣服や持ち物があって、必要なものを買えるお店があって……というふうに、たくさんの人・モノ・コトと関わって生きています。一人ひとりにそういう宇宙のような輪があり、複雑に重なり合っているわけです。

これを理解すると、私たちは自分だけで生きているのではなく、関係性の中で生かされていることがよくわかると思います。この感覚を大事にしてください。

22

日々を感謝で埋め尽くす

——人は一人で生きられないのだから

●世の中はすべて「持ちつ持たれつ」

みなさん、子どもの頃から、「人に迷惑をかけちゃいけないよ」といわれてきたと思います。また「人にお世話されるより、人のお世話をする人間になりなさい」というふうにも教えられたでしょう。

それは一面、正しい教えですが、あまりかたく考えることはありません。世の中は「持ちつ持たれつ」。お世話し、お世話される関係性抜きに生きていくことはできないからです。

迷惑をかけないことよりも大事なのは、迷惑をかけたら、お世話になったら、そのことを感謝する気持ちを持つことです。

日常の細々としたことまで「ありがたいなぁ」と思えばこそ、「自分も誰かのためになるお世話をしてあげなくちゃ」という気持ちになれるのです。そういう感謝の気持ちを忘れると、自分一人で生きている気になって、傲慢（ごうまん）な人間になります。他人に対して無関心にもなるでしょう。

極力、人に迷惑をかけないようにすることは大事ですが、行き過ぎは禁物です。

23

お金で解決しようとしない

――受けたお世話に値段はつけられない

●〝手間賃〟を払えばいいという話ではありません

私たちは極端な話、誰かの力を借りなければ、衣服も住居も移動も通信も、食べ物すらままなりません。ふだんは意識していなくとも、自分一人で完結する行動など、何もないのです。

たとえば外食するとき、平気で食べ残している人をよく見かけます。口に合わないのか、ダイエットをしているからなのか、食べきれないほどの量だったのか。理由はさまざまでしょうが、基本、食べ残してはいけないのです。

なかには「料理の対価は払ったのだから、全部食べようと残そうと、自分の自由だ」という人がいるかもしれません。そうでしょうか。たしかに、食材を仕入れて料理をし、給仕等のサービスをしてくれる人の手間賃としてのお金は払っています。しかし食材の命そのものに、値段はないのです。「いただきます」と感謝して、すべてを食べるのがスジというものです。

食事に限らず何事につけても、ありとあらゆる人・モノ・コトのおかげで自分は生きていける。そのことへの対価はお金ではなく、感謝の気持ちなのです。

24

「してあげたこと」はその場で忘れる

——お世話や親切は〝しっぱなし〟がいい

●「受けた恩は石に刻み、与えた恩は水に流せ」

「あんなに親切にしてあげたのに、お礼の一つもない」

「これまでさんざん力になってやったのに、こちらが困っているときは知らんぷりとは、どういう了見だ」

そんな不満を抱えている人が少なくありません。人間関係のゴタゴタの、よくある原因の一つでしょう。

自分がしてあげたくて親切やお世話をしてあげたのですから、それでいいではありませんか。見返りを期待すると、それが「見返りを得られない苦しみ」をつくることになってしまうのです。

そんな期待などはじめからしない。やってあげたことはその場で忘れる。そうであればこそ、ひょんなときにお返しがあると、ありがたさが倍増するというものです。

もしお返しがないことを不満に感じたなら、「人のふり見てわがふり直せ」。自分は感謝の言葉を返そう、何かのときに相手の力になろう、と思えばいいのです。それが人とのご縁を大切にすることにつながります。

25

タイミングを逃さない

――たとえば、お礼は「その場で伝える」

●「伝えるべきこと」には賞味期限がある

何かいただきものがあったり、困っているときに助けてもらったり、いい助言をいただいたりしたときは、「すぐに」お礼の言葉を伝えるのが鉄則です。

食べ物に旬のおいしさがあるのと同じで、感謝の気持ちも時間を置けば置くほど、相手に感じてもらえる度合いが薄くなってしまうのです。

ですから、いただいたその場で感謝の言葉を伝えるのがベスト。その場が無理であるなら、「次にお会いしたときに」などと悠長(ゆうちょう)に構えず、電話でもメールでもいいですから、とにかく早い機会に気持ちだけでも伝えたほうがいいでしょう。

たとえば本をいただいたら、「読んでから、感想といっしょにお礼をいおう」などと思っていると、忘れてしまいます。それよりも「送っていただき、ありがとうございます。これから楽しみに読ませていただきます」と伝える。いただきものはすべからく、感想は後回しでいいのです。

感謝の言葉には〝賞味期限〟があることをお忘れなく。時間を置くと忘れるか、タイミングを逸して間抜けになるかで、結局は不義理をすることになるのです。

26

自分を偽らない

——そのほうが、人から信頼される

●人生の主人公は、誰？

相手の立場に立って考え、行動することは大切です。それは、相手を傷つけないように、また喜んでもらうようにする気づかいというもの。自分が相手に気に入られることが目的ではないはずです。

ここを勘違いすると、周囲の誰に対しても自分をよく見せたいあまり、自分自身の思い・行動を犠牲にすることになりかねません。相手に応じて自分を変えていくことになってしまうのです。周囲に一〇人いたら、それぞれに気に入られるようにふるまう一〇人分の自分が必要になる、ということです。

そんなこと、考えただけで疲れませんか？　しかも相手によって自分をころころ変えていたら、周囲に気に入られるどころか、「本心がわからない。信用ならない人だ」というふうに見られるでしょう。

世間の思惑が気になったら、「私の人生の主人公は私である」ことを思い出してください。それも「小さな悟り」。「主人公」とは、もともとは禅語。心の中の「本来の自分」を意味します。その「主人公」こそが、自身の行動を決める〝物差し〟です。

27

出会いを育む

——それは、仏さまによる「特別なはからい」

●出会いはすべてが〝奇跡的な必然〟

「あの会合に出席しなければ、あの人と出会わなかった」
「あの電車に乗り遅れていなければ、あの人と出会わなかった」
「あの道を通らなければ、あの人と出会わなかった」

そんなふうに感じることはありませんか？　それを人は「たまたま」と表現しますが、けっして偶然ではありません。

出会いはすべからく、「偶然」の名を借りた「奇跡的な必然」。それを仏教では「縁が働いている」といいます。自分の人生の中ですれ違う無数の人たちの中で、特別な人だけと結ばれる「縁」というものがあるのです。

ですからこそ、「縁」をないがしろにしてはいけないのです。誰に対しても「この人に出会えて、本当によかった。ありがたいことだな」と感謝し、その縁を大切に育んでいきたいものです。

「我逢人（我、人と逢うなり）」という禅語があるように、人づき合いだけではなく、すべての物事は出会いからはじまるのです。

28

等身大で生きる

――なぜ、見栄を張ってしまうのか

●ＳＮＳを人生の舞台にしていませんか

ＳＮＳでちょっと不用意な発言・行為をすると、たちまち大勢から非難の声が殺到する。最近はそんな〝炎上事件〟をよく耳にします。逆に、少し自慢できるようなことを紹介すると、「いいね！」が矢のように降ってくるという現象もあります。

そのせいか、さまざまなＳＮＳツールを駆使して、自分の日常を不特定多数の人にひけらかすような人が増えてきました。たとえば「評判のあの店で食べた料理、とてもおいしかった」「有名なパワースポットを旅して、元気になりました」などなど、自慢話のオンパレードです。なかには、やってもいないことをやったように見せかけたり、内容を盛るなどして事実を捏造したりするケースも少なくないと聞きます。

そういうことをしてしまう根底にあるのは、「自分を少しでもよく見せたい」「みんなにうらやましがられたい」という気持ち。あるいはＳＮＳのネタにするために行動する部分もあるかもしれません。それでは結果的に自分自身を見失います。

人生の舞台はＳＮＳではないのですから、等身大の自分自身を出せばいい。それが自分を大切にする賢い生き方というものです。

29

絶対、自分を嫌わない

——そのためには「人と比べない」こと

●自己嫌悪は、いつもここから生まれる

誰しも、自己嫌悪に陥ることはあるでしょう。そんなときは、どうしてそうなったのかをよく考えてみてください。

誰かと比べて自分のほうが下だと考えていませんか？

世間の価値観や評価と照らし合わせて、自分はレベルが低いと考えていませんか？そんなことは無意味です。比較さえしなければ、ここに「あるがままの自分」がいるだけ。何も嫌悪するほどのことではないのです。

なぜなら、自分を測る〝物差し〟が元来、万人の価値を決めるほど正確にして絶対的なものではないからです。たとえうまくいかないことがあったとしても、それによって自分自身の価値が上がったり、下がったりすることはありません。

仏教の教えでいうなら「露（ろ）」——過ぐることなく、欠けることなし。自分という存在はそのまんまの自分なのです。

そもそも自分で自分を嫌って、どうするのですか。それほどみじめなことはありません。自分を一番好きになってあげられるのは、自分自身なのですから。

30

世間に照らし合わせない

――自分の価値観にしたがって生きる

●「ワンランク上の暮らし」という幻想

マスコミは連日のように、「世間の平均値」のようなものを発表しています。たとえば年代別の年収の平均値や、結婚年齢は平均何歳だとか、マイホームを購入するのは平均何歳、平均貯蓄額はいくら、老後を豊かに暮らすための資金は平均いくら……もう平均だらけです。

加えて、その平均値をもとに「ワンランク上を目指そう」的な特集記事・特集番組まで組まれています。

そして「人並み以上」を気にする人たちは、その数字に踊らされて、がんばってしまうところがあります。それはいいかえれば、人並み以上に見られることを目標に生きるのと同じです。疲れませんか？「私はこういう生き方をしています。それがみなさんの目にどう映るか知りませんが、評価は勝手にどうぞ」でいいではありませんか。世間を気にせず、自分の価値観にしたがって自由に生きていけます。

もともと実体のない世間というものの平均を表わした数字に、どれほどの意味もありません。自分の感じる豊かさや幸せは、そういった平均値とは無縁なのです。

31

「利他」の心を持つ

――それが自分のためにもなる

●人間関係では、大いに「貸し」をつくりましょう

ビジネスの世界では、少し前まで、「勝ち組・負け組」という言葉がふつうに使われていました。

しかし、近年はかなり「win-win」という考え方が浸透してきました。「技術や設備、顧客層など、共有できるものは共有し、お互いにメリットのあるやり方を見つけて、双方が利益を上げていきましょう」というふうに。

この考え方は、じつは仏教では古くから当たり前に実践されてきたことです。前提にあるのが、「世の中は関係性のうえに成り立っている」という考え方。自分だけが利益を上げて、「そっちが大損したのは自己責任ですよ。私は知りません」なんて言い分は通用しません。関係性を失い、自分の居場所がなくなってしまうのです。

そうではなくて、自分よりもまず人の利益を優先させる。その気持ちがあってこそ、自分もよくなるのです。

人間関係では「困った人には自分のできることをさせていただく」という謙虚な気持ちで、大いに「貸し」をつくりましょう。それが自分のためでもあるのです。

32

人の力になる

——人生が豊かになる「喜捨（きしゃ）」の精神

●人に尽くしただけのものは必ず返ってくる

「喜捨」という禅語は、「喜んで捨てる」ことを意味します。たとえばお参りのときのお賽銭は、願い事をかなえてもらうための対価ではなく、心に渦巻いているよからぬ執着を捨てることを意味する行為なのです。

もっといえば、「心の曇りを振り払い、なんのわだかまりもない気持ちで生きていく」という決意表明でもあります。

人の力になるときも同じ。わが身を捨てて、人のために尽くす、それだけです。見返りを期待せず、純粋な気持ちから行なう行為であればこそ、人間関係がよりよいものになっていくのです。

もっとも「喜捨」には、「尊い心を持つと、どこかで同じ尊い心を受ける立場になることもありますよ」という意味がふくまれています。見返りを期待しなければ、尽くしただけのものは返ってくる、ということです。

人づき合いはすべからく、「喜捨」の精神をモットーとしましょう。人間関係にいい循環をつくることができます。

33

「助け合う友」をつくる

――それは一人か二人いれば十分です

●「腹を割って話せる人」はいますか

問題が起きたとき、なんでも自分一人で解決しようとがんばることはありません。迷わず、誰かに助けを求めればいい。何か解決の糸口が見つかるかもしれないし、少なくとも相談したことで自分の気持ちが軽くなります。

ただし、そうするためには、「相談できる人」がいることが前提になります。

表面的なつき合いに終始している限り、友人・知人が何人いようとも、頼りにすることはできません。日ごろから腹を割って話し、互いのことを自分の分身のように思う、深いつき合いをしている人が必要なのです。

わが身を振り返ってみてください。単なる遊び友だち、仕事上のつき合いしかない仲間などに、自分に起きた大変な問題を相談することができますか？　されたほうだって、「私に相談されても」と戸惑うだけでしょう。最悪の場合、「あいつ、大変みたいだよ」などと面白がられたり、遠ざけられたりすることだってあります。

困ったときに助け合えるのは、起きたことをともに苦しみ、ともに喜び、親身になって対峙してくれる人。一人か二人いれば、十分なのです。

34

「もう一人の自分」に気づく

——ダメな自分を救ってくれる存在

●誰の心の中にもいる力強い味方

「坐禅」の「坐」の字には、「土」の上に「人」が二つ乗っています。これは、現実を生きる自分と、本来の姿である「もう一人の自分」（本来の自己）がどっしりと坐って対話しているさまを表現しています。

人間というのは「こんなことをしちゃあいけないいな」と頭ではわかっていても、ついいけないことをしてしまう生き物です。「自分だけが得しようとしてはいけない」と思っても、つい私欲に走ってしまう。「人を傷つけてまで、自分がいい思いをしてはいけないいな」と思っても、つい保身に走ってしまう……というふうに。

そんなときは、行動する前にひと呼吸。「もう一人の自分」と対話してみてください。必ずやブレーキをかけてくれます。

人づき合いの中でもっとも大事にするべきは「もう一人の自分」であることを心に刻みましょう。

そうして「もう一人の自分」を味方につければ、迷いも悩みも消えて、すがすがしい気持ちで人生を歩んでいけます。

35

「心の門」を整える

――いつ、誰が来てもいいように

●いい話がやってくる人、やってこない人

庭を手入れし、玄関を掃き清め、部屋をきれいに掃除しておく。日ごろから、それを心がけていると、いつ、誰が来ても、「どうぞ、どうぞ」と招き入れることができます。逆に、庭は草ぼうぼう、玄関は脱ぎっぱなしの靴でいっぱい、部屋は散らかり放題、といった状況では、恥ずかしくて家に入ってもらうことはできません。

訪問してくる人も、たとえ門が開いていたとしても、入る気になれないでしょう。不快にさせるし、「だらしのない人だな」という印象を与えてしまいます。

人の心も同じです。やましいことや隠し事、ウソなどがあると、心の門を開くわけにはいきません。結局、自分の殻に閉じこもって、誰とも交流できなくなるのです。できるとしたら、〝同類さん〟だけ。いい人とのご縁もできなければ、情報も入ってこないし、いい話がやってくることもなくなります。

ですから家でも心でも、いつ、誰がやってきても扉を開けられるよう、中をきれいにしておくことが大切なのです。多くの人と縁が結ばれることはもとより、福を呼び込むことができます。

36

上機嫌でいる

――人望のある人は〝顔〟が違う

●こういう人の周りに〝人の花〟が咲く

何が気に入らないのか、いつも不機嫌そうにしている人がいます。また、始終イライラして、周囲に怒鳴り散らしてばかりいる人もいます。

そんな人には誰もが、できれば近づきたくないと思うものです。不機嫌や怒りのとばっちりを受けて、こちらの気分まで悪くなりますし、場の雰囲気も暗くなってしまいます。それでなくてもストレスの多い社会ですから、人間関係がギスギスする一方なのです。

難しいかもしれませんが、何があっても笑顔を心がけましょう。その笑顔に引き寄せられるように、いろんな人が話をしにやってきます。笑顔はオープン・マインドの象徴。ですから、笑顔の周りには〝人の花〟が咲くのです。

もちろん怒るべきときはありますが、何も怒鳴り散らすまでしなくてもいいではありませんか。深呼吸の一つでもすれば、心が落ち着きます。そうして穏やかな表情を取り戻したうえで、怒ればいいのです。あるいは、どんなに怒っても、最後は笑顔で締めることを忘れないようにしたいもの。基本は「いつも上機嫌」で。

37

面倒なことこそ、しっかりやる

――冠婚葬祭を大切に

●人と人とをつなぐもの

竹には節があります。その節があるからこそ、上へ上へと茎を伸ばしていけます。冠婚葬祭の儀式は、その節と同じです。つき合いを続けていくうえで、欠かせないものなのです。

「面倒だから、もういいや」と参加しないでいると、礼儀を欠くことになり、大事な人たちとのつき合いまで自ら断つことになります。

たとえば入学、入社、成人、結婚など、おめでたい儀式では、心から祝福する。お葬式や命日に営む法要では、故人を悼み、列席する人たちと悲しみを共有する。そんなふうに、親族や友人・知人と喜び、悲しみを共有するという経験が大切です。

人の気持ちを理解すること、相手の身になって考えることが、人間的な成長をうながしてくれるのです。

どうか億劫がらず、冠婚葬祭の儀式の場に居合わせることに、「縁あって、自分はいまここにいる」と感謝してください。

縁あっての人生なのですから。

38

「イベント」を楽しむ

——そこには大きなメリットがある

●通常業務の中では得られないこと

「会社の人とのつき合いは職場だけでいい」

そう思う人が増えたのでしょう。近年は忘年会、新年会、運動会、社員旅行など、会社の主催する行事がめっきり減ったようです。

「面倒だな」「わずらわしいな」と思う気持ちもわかりますが、参加するとそれ以上にいいことがたくさんあります。

たとえば社内に顔見知りが増える。雑談の中で、さまざまな情報を交換できる。結束力が強まる……などなど、通常業務におけるつき合いだけでは得られないメリットを、楽しみながら得ることができます。「損して得を取る」ではありませんが、面倒を厭わないことが大きな得につながるのです。

とりわけ会社の○周年を祝う記念パーティなど、社内外問わず、何をおいても参加するべきでしょう。創業以来の歴史を振り返り、次の一〇年・二〇年をどうするか、そのビジョンを共有できるチャンスです。全社員が心を一つにして今後に臨めば、将来の明るい道筋が見えてくるというもの。面倒がっている場合ではありませんよ。

39

人とむやみにつながらない

――この安らぎに目覚めよう

●〝仮想の縁〟など頼みにならない

四六時中、スマホの画面を見ている人がたくさんいます。

なんのためでしょうか。多くは、ラインやメールに着信があるのを見て、すぐさま返信をするため。あたかも、常に誰かとつながっていることを、あるいは、つながっている人がいま、どこで、何をしているかということを確認していなければ、気がすまないかのようです。

そんなふうでは、片時も心が安まることはありません。不幸感が募るだけ。そろそろ「つながらない」ことの安らぎに目覚めてはいかがでしょうか。たかだか「電波がつながっている」というだけのことなのですから。

本当の意味でつながっている人とは、互いの行動を〝監視〟し合うようなことをしなくても大丈夫。「縁」という絆でがっちりと結ばれていれば、相手がどこで何をしようと気になりません。それでいて、どちらかが困ったことになったときはすっ飛んでいくでしょうし、いいことがあったときはともに喜ぶ機会を持つものです。

それこそが幸福。電波のつながりは〝仮想の縁〟。頼みにするに足らないのです。

40

さっぱりと人とつき合う

――「淡交(たんこう)」という人間関係の極意

●ふだんは「つかず、離れず」の距離感で

たとえば恋人ができたとき、最初のうちはそれこそ〝蜜月時代〟。毎日のように会ったり、日に何度も電話やメールをしたりで、「べったり」したつき合いに終始するものです。ただ「べったり」は、長続きしません。上手に「さっぱり」にシフトチェンジしていかないと、愛を育むまでに至らないことがほとんどです。

これは、男女関係に限らず、人づき合い全般に当てはまることです。どんなに気の合う友人でも、「べったり」より「さっぱり」のほうが長続きするのです。実際、親しい人と一週間・二週間の長旅に出たら、関係がぎくしゃくしてしまった、というのはよくある話。関係を修復するには、しばらく会わない時間が必要になります。

大事なのは、メリハリです。ふだんは「つかず、離れず」。ある程度の距離を置く。それでいて、頻繁に連絡を取り合ったり、助け合ったりする必要のあるときだけ、「べったり」でいく。そのくらいのバランスがちょうどいいかと思います。

人づき合いはすべからく「淡交」――淡い交わりを基本とすると、いい関係を長続きさせることができます。それがまた、「縁」を大事にするということなのです。

41

スマホを置いて町に出る

――窮屈な生活から抜け出す方法

●意識的につくるべきこの大事な時間

日本初の鉄道が開通したのは一八七二年。ほんの一四〇年ほど前のことです。それまで、人と人が行き交う手段は、馬を除けば足だけ。交通・通信に非常に時間がかかったのです。鉄道、飛行機、車、電話、インターネットなどが次々と誕生したことにより、いまはその時間が格段に短縮されています。当然、人々の交流範囲は広がったし、コミュニケーションも取りやすくなりました。

それは非常に便利なこと。利用しない手はありません。ただ「便利さによって手に入れた時間を有意義に使っているか」という点にも目を向けていただきたい。

前述したように、いまはSNSで人と簡単につながれる分だけ、逆に人のことばかりが気になり、自分のことがおろそかになっているように思えます。始終、スマホを見て生活している人は、単に「暇つぶし」をしているだけなのでは？　しかも相手のいまをチェックし、自分のいまを伝える行為は生活を窮屈にします。

スマホを置いて町に出る――そういう時間を意識的につくって、自分の楽しみのために使ったほうがよほど有意義なこと。心が豊かになります。

42

大事なことは会って伝える

——コミュニケーションは「面授(めんじゅ)」が鉄則

●あなたは「誤解」されていないだろうか

メールの最大の弱点は、本心が伝わりにくいことにあります。文字ならなんとでも書けるので、「本当に申し訳ございませんでした」などと文字を打ち込みながら、舌を出しているかもしれません。あるいはコーヒーを飲んだり、お菓子を食べたりしながら、指でチャカチャカやっているだけ、ということもあるでしょう。

実際に会って話すときは、そうはいきません。態度や表情、声に込められた調子などによって、心から出た言葉かどうかがすぐにわかってしまうからです。とくに謝罪や感謝の言葉を述べるときは、直接会って、ストレートに心を伝えるのが基本です。

また細かい指示を与えたり、何かを教えたりする場合も、メールだけでは行き届かない部分が出てきます。相手の反応からちゃんと理解されているかどうかを見ながら、こまやかに対応する必要があります。

禅では「面授」といって、師匠が弟子に教えを授けるときは、顔と顔を突き合わせることを重視しています。コミュニケーションとはそもそも、心を通い合わせること。そのために、この「面授」を大事にしましょう。

43

色眼鏡を外す

——先入観で人を判断しない

●人間関係をギクシャクさせるもの

初対面の人に会うときはとくに、相手がどんな人か気になるものです。それで周りの声に耳を傾けると、あまり芳しくない情報が入ってくることもあります。そうすると、会う前に相手のイメージが固定され、こちらの態度がぎこちないものになります。たとえば「気難しいと評判だよ」と聞けば、無意識のうちにオドオドする。「タヌキというか、本心がわかりにくいんだよね」と聞けば、何をいわれても疑心暗鬼になる。そういった心情に陥ってしまうのです。

もし相手を見誤っていたなら、人と親しくなるチャンスの芽を自分の手で摘み取ることにもなりかねません。禅で「色眼鏡をかけない」といういい方をするように、先入観で人を判断しないよう自戒してください。

とはいえ、なんとなく耳に入ってくる評判や、事前に仕入れておいたほうがいい情報もあるでしょう。一切の情報から耳を塞ぎなさい、とまではいいません。何らかの情報を得たとしても、いったん白紙に戻したうえで「周りの評判は評判として、自分の目でしっかり見て、肌で感じよう」と決めるのがいいと思います。

44

人間関係は「合わせ鏡」

――「嫌い」には「嫌い」がそのまま返ってくる

●もちろん「好き」には「好き」が返ってくる

「坊主憎けりゃ袈裟まで憎い」という言葉があります。住職の私にはそ抵抗がなきにしもあらずですが、「この人、嫌い」と思うと、することなすこと、何もかもが嫌いになってしまうことはよくあります。その人が毎日のように顔を合わせる人だと、始終、「イヤだな、イヤだな」と重い気分を抱えることになります。いや、たまにしか会わない人だって、妙な苦手意識から関係がギクシャクするでしょう。

どうせつき合うのなら、いいところに目を向けたほうがいい。「この人のこういうところ、好きだな」と思って接すれば、相手にもその気持ちが通じますから、「私もあなたのこういうところが好き」という気持ちが返ってきます。人間関係は不思議なもので、「好き」には「好き」、「嫌い」には「嫌い」が返ってくるものなのです。

いいところを見つけるのは、さほど難しくはありません。いいところのない人はいないので、たとえば「わがままだけど、やさしいところがある」「威張り屋さんだけど、エネルギッシュ」「怒りっぽいけど、正直者」といった具合に、悪いところを引っくり返してみると、案外うまくいきます。お試しあれ。

3章

仕事で困ったら

——「ご縁」にしたがうと、すべてが好転する

45

「あれも、これも」をやめる

——体は一つしか、一日は二四時間しかない

●人は常に〝制限つき〟で生きている

「あれもやりたい、これもやりたい」と思うのはいい。仕事に対する意欲の表われです。しかし心のどこかで、「そうはいっても、自分にできることなど、たかが知れている」とわかっていることも大切です。なぜなら、やりたいことが増えれば増えるほど、できないことが増えるからです。結果、できなかった場合の落胆も大きくなります。「自分はダメだ。思ったことの半分もできない」と、気持ちが暗くなるのです。

それよりも「千手観音様じゃあるまいし、何もかもできはしないさ」と鷹揚に構えているほうが、身も心も軽やかに仕事に取り組めます。

そのうえで大事なのは、「とにかく時間の密度を濃くしていこう」と思うこと。極力、〝だらだら時間〟を減らすよう努めるのです。

私のいう〝だらだら時間〟を減らす、とは、仕事をしないにせよ、たとえば「ちょっと疲れたから、一時間ほど、沈む夕日を眺めて過ごそう」というふうに、意味のある時間の使い方をすることです。自分が〝時間の主役〟になって行動すれば、自ずと時間密度は濃くなります。それで十分です。

46

〝一人舞台〟から降りる

――もっと「大きな仕事」をするために

〝おかげさま精神〟で広がる可能性は無限

ビジネスの世界では、まさに生き馬の目を抜くがごとく、熾烈(しれつ)な競争が繰り広げられています。その中で膨張の一途をたどったのが「我欲」――自分が成績を上げることを最優先する考え方です。

しかし、そんな気持ちでうまくいくわけはありません。仕事というのはそもそも、誰かが成果を独り占めできる性質のものではないからです。一人でやった気になっているだけで、どんな仕事も多くの人の協力があって成り立っているのです。

そこに目を向けて、そろそろ〝一人舞台〟はやめにしませんか？「周りのみんなのおかげでいい仕事ができる」と感謝すればこそ、協力者がいっそう増え、自然と自分の成績も上がっていく。仕事とは、そういうものなのです。

一人でできる仕事には限界がありますが、力を貸してくれる人が増えれば増えるほど、仕事をスケールアップさせることができます。〝おかげさま精神〟でみんなに感謝しながら、チームワークよく仕事をしたほうが、結果的に可能性が無限に広がっていくのです。

47

「忙しい？　それはすばらしい」

――「やるべきことがある」という幸福

●仕事は自分から追いかけるほど楽しくなる

当たり前ですが、やるべきことは目の前にしかありません。いまこの一瞬に生きている限り、先のことはどうがんばっても無理なのです。できるとすれば、「先を考える」ことくらいのものでしょう。

ですから、本来なら「目の前の仕事に追われてばかりで、イヤになる」などと愚痴をいうのは、じつに贅沢。「目の前にやるべき仕事がある。幸せだな」と感謝すべきです。

逆に、何もやることがなかったら、どうでしょうか。その立場になればわかりますが、けっこうつらいものですよ。自分の力をふるえる場所が与えられていること自体、非常に幸せなことなのです。

もっとも「追われている」という感覚で仕事をしていると、幸福を感じるゆとりがなくなるかもしれません。ここは「目の前の仕事を追いかける」というふうに捉えるといいでしょう。自分が主体になる分、「喜んでやる」気が満ちてきます。

今日からはどんなに忙しいときも、「目の前の仕事を追いかけ回してる感じで楽しいな」と心の中でつぶやいてみてください。嘆きはたちまち消えていきます。

48

力量を広げる

――結局、コツコツやるのが近道

●〝実力〟とはこうして磨かれるもの

目の前に長い長い階段があると、その高さに圧倒されます。「とてものぼり切ることはできそうもないな」とさえ思うのでしょう。

だからといって、焦って、一段・二段おきに上がっていくと、途中で息が切れてしまいます。「もう、やーめた」とあきらめることになりかねません。それよりも、一段ずつ上がっていくのが一番の早道。さほど疲れず、気がついたら一〇段、二〇段、三〇段と上がっています。

ここからが肝心。三〇段くらいまで来たところで、周囲の風景を見渡してごらんなさい。のぼりはじめたときと、まったく違う風景が広がっていることに気づくはずです。大きくは変わらないと思いますが、見え方が違ってくるのです。

仕事も同じ。目の前にあることに一生懸命取り組むうちに、最初は気づかなかったことに気づいたり、見えなかったものが見えたりするようになります。より多くの知識・スキルを得た分だけ、力量が大きくなっていくのです。

成長してこその仕事。目の前の仕事に集中し、力量をこつこつと広げましょう。

49

「野心」を捨てる

――行きすぎた我欲は身をほろぼす

●人から嫌われ、孤立無援にならないために

「野心」という言葉は、意外といい意味で使われることも多いようです。大きな望みを抱いて、大胆不敵に新しいことに挑戦する、というイメージがあるのでしょう。

しかし、そうでしょうか。私は「野心」と聞くと、不穏なものを感じます。辞書によると、この言葉は「山犬や狼の子は山野を忘れず、人に飼われても慣れ親しまないで、飼い主を害しようとする荒々しい心を持つ」ことに由来するそうです。私が感じる「不穏なもの」の正体は、「害する」というところにあるのかもしれません。

たとえば「人を蹴落としてまで、出世しようとする」とか、「自分のやろうとしていることに苦しむ人がいようとも意に介さない」「人をだましてでも、自分が利益を得ようとする」といった人が抱いているのが「野心」だと思うのです。

手段を選ばずに欲しいものを手に入れたところで、人間の生き方としてどうですか、という話です。人に害を与えれば、悪因悪果で自分自身をも害することになります。人から嫌われ、信用を失い、孤立無援になるでしょう。野心のために、生きるうえで大事な多くのものを失うのです。これはとても恐ろしいことです。

50

「ライバル」なんて必要ない

――必要なのは、互いに高め合う「よい仲間」

●困ったときは助け合い、成果を上げたときは喜び合う

私たち僧侶は、同じ日に修行に入った仲間を「同日安居(どうじつあんご)」といって、とても強い結びつきがあります。その絆は、苦しい修行をともにし、一人の脱落者も出ないように、互いを励まし合い、助け合う中で紡(つむ)がれたものなのです。

会社の同期にも、似たようなことがあるのではないでしょうか。単に「同じ年度に入社した」だけなのですが、不思議と互いが〝見えない糸〟で結ばれているような感覚があるのではないかと推察します。

そんな同期と、足を引っ張り合うような競争をしてはいけません。互いを刺激し合いながら、困ったときは助け合い、気持ちがマイナスに傾くときは励まし合い、成果を上げたときは喜び合う――。必要なのは、そんな関係です。

身近に同期のような存在がいると、自分のやる気も鼓舞されます。

たとえば怠け心が兆してきても、「いやいや、自分に甘えてどうするんだ。いまごろ、同期のあいつはがんばってるはずだ。自分ももうひとがんばり」というふうに思えるでしょう。

51

お金はすべて「預かり物」

――「所有物」ではないのです

●お金を人生の〝玉座〟に座らせない

お金を稼ぐこと自体はすばらしいことです。それだけ世のため、人のためになることをしたのですから。問題は使い道です。多少の贅沢はいいとして、それが「自分の満足感のため」というのでは感心しません。お金だってガッカリです。お金はもともとは社会からお預かりしたものですから、社会に還元するのがスジでしょう。

知人に、ビジネスで蓄えた財産で植物園を造り、それを管理しながら「自分が生きている間は一般の人に無料で開放する」としている人がいます。しかも、すでに死後は国に寄付する手続きを計画し、管理する財団まで用意しようとしています。

また著名な投資家ウォーレン・バフェットの弟子をしていた方は、上海で財を成し、以後は投資をピタリとやめました。そして、貧困に苦しむ子どもたちの学校を造ったのです。全寮制で寮費・学費はすべてタダ。一人で生き抜く力を身につけるための教育と技術を提供しています。独立する際にも援助があるそうです。

いずれも「自分が財を成したのは、みなさんのおかげ。ご恩をお返ししたい」という気持ちから行なったこと。「お金を玉座に座らせない」とは、そういうことです。

52

お金の奴隷にならない

――ちょっとした儲けなど、どうということはない

●お金はいつもあとからついてくる

「もっとお金が欲しい！」

大半の人がそう思っているでしょう。しかしお金に対するその種の執着がなくならない限り、お金は自分のところにはやってきません。

なぜなら、お金が目的になってしまっているからです。「お金は世のため、人のために一生懸命働いた結果、得られるもの」という観点が抜け落ちているのです。

ある有名料理店の店主は手広く商売をし、順調に売り上げを伸ばしていますが、「売り上げ目標や対前年比○％増といったくだらない数字を設定したことがない」といいます。その理由は「お金の奴隷になりたくない」から。「お客様に喜ばれる料理とサービスを提供することだけに集中して仕事をしている」。つまり彼は「お金はあとからついてくるもの」と割り切っているのです。

お金など、生活に困らない程度にあればいいではありませんか。それ以上儲けたところで、暮らし向きがちょっとよくなるだけ。その快感が高じると、「もっとお金が欲しい」という気持ちを加速させます。「苦」を生み出すことになるのです。

53

「ご縁」にしたがう

——すると、仕事はすべてうまくいく

●縁があるかどうかは「タイミング」でわかる

「これはやりたい！」と思う仕事の依頼があったとき、手一杯でとてもやる余裕がなければ、その仕事とは「ご縁」がないのです。残念ですけれど、無理して受けずに、丁重にお断りするのがいいでしょう。

「とても面白そうな仕事で、やりたい気持ちは山々ですが、いまは手一杯でできません。向こう三カ月は体が空かないのです。今回はご縁がなかったということで、ご辞退させていただきます」

というふうに。それで相手が「三カ月先でいいですよ」といってくだされば、そこで「ご縁」ができます。その「ご縁」にしたがって、お受けすればいいのです。

こういう手順を踏まずに、「実入りのいい仕事だから」と、無理を押して引き受けてしまうと、「ご縁」に逆らうことになります。結局、仕事がずさんになったり、締め切りを守れなかったりで、方々の仕事先にご迷惑をかけます。

「ご縁」のある仕事は気持ちよく引き受け、そうでない仕事はどんなにいい条件でもあきらめてお断りする。それを基本とすれば、仕事はうまくいきます。

54

運を拠り所にしない

——成功する人の共通点

●「いい縁」なら、そこらじゅうにあります

私たちはよく「運がいい」とか「運が悪い」といった言い方をします。たしかにいいときと悪いときと、「運の巡り合わせ」のようなものはあるでしょう。

しかし「運」とは突き詰めれば、「なかなか起こりそうもないことが起こる」ことを意味するのではないでしょうか。

たとえば学生時代に親しくしていた友人が二人いて、卒業後、自分は新潟で暮らし、友人の一人は北海道、もう一人は鹿児島にいるとします。その三人があるとき、東京でバッタリと出くわした。そういう現象が起これば「運があるね」となります。

そのくらい発生確率の低いものを頼みにするのはいかがなものでしょう。いまの状況が悪いからといって、「運が向いてくるのを待とう」と構えていては、時間がどんどん過ぎていくだけ。運を自力でつかむことなど、ほぼ不可能でしょう。

一方、「ご縁」はそこらじゅうにあります。前に述べたように、「ご縁」というチャンスは、日ごろからそれを受け止めるだけの準備、努力をしていれば、いい「ご縁」に気づき、つかむことができます。「運」と違って「縁」は頼みにできるのです。

55

まず「楽しもう」と考える

——成長する人はここが違う

●「心持ち」で仕事は大きく変わる

気持ちがふさいでいるときは、何をやっても楽しくありません。いつも楽しみにしているテレビ番組でさえ、砂をかむような味気なさを覚えるでしょう。逆に、気分がいいときは、何を見たって楽しめます。なぜだと思いますか?

それは、自分の心が「なんだって楽しんでやろう」と、準備万端整っているからです。ですから、楽しく仕事をしたいなら、まず「楽しもう」と思うことが大切です。目の前のやるべき仕事が、たとえつまらなそうなものであっても、「楽しんでやろう」という気持ちで取り組めばいい。心持ちをちょっと変えるだけで、同じ仕事でも見え方がまったく違ってきます。

それに、最初から楽しい仕事など、そう多くはありません。慣れないうちは難しいと感じて楽しめないかもしれません。また「雑用だ」「自分の能力からして簡単すぎる」などと思い込んで、楽しめない場合もあるでしょう。それでも取り組むうちに、どんな仕事も楽しくなってきます。

「楽しいこと」は行動の目的ではなく、結果だということを覚えておいてください。

56

仕事はすべて「させていただく」

――不平不満を退治する考え方

●イヤな仕事も自分に回ってきた「ご縁」

自分の仕事は、すべて「ご縁」があって回ってきたものです。これればかりはしかたがない。それがいかに大変な仕事でも、苦手な仕事でも、役不足の感のある仕事でも、「自分でなくてもいいでしょう」などと反発してはいけないのです。

それでは「ご縁」に逆らうことになりますから、ろくなことにはならないのです。ここは「やらせていただきます」と、気持ちよく受けて立ちましょう。「ご縁」という視点で見れば、仕事は自分が「やる」のではなく、「やらせていただく」ものなのです。

どんな仕事でも、自分に回ってきたら、四の五のいわずに、さっさとやってしまうに限ります。わずかでも経験値が上がり、のちのキャリアのプラスにこそなれ、マイナスになることはありません。

しかも一生懸命取り組めば、「なかなかがんばってるな」と、次の仕事の「ご縁」につながるでしょう。「やらせていただく」と思うことで、マイナスの気分をプラスに転じて、いい結果を呼び込むことができるのです。

57

仕事に〝自分色〟をつける

――それが仕事を面白くするコツ

●何事にも、自分にしかできないやり方がある

仕事をすることを「のどが渇いて水分を摂る」ことにたとえてみましょう。のどが渇いたら水分を摂る、それはごく自然な行為です。「摂らされている」なんて意識はありませんね。仕事もそういう感覚でやるといいと思います。指示されたことをやる、それだけでいいではありませんか。少なくとも〝やらされてる感〟はなくなります。

またひと口に「水分を摂る」といっても、いろんな選択肢があります。ボトル入りのミネラルウォーターをらっぱ飲みする、蛇口に口をつけて水道水をごくごく飲む、のどに刺激的な炭酸飲料を飲む、甘いジュースを飲む、つばを飲み込んで一時しのぎをする……場面と欲求に応じて、ベストな飲み方を工夫するはずです。

仕事も同じ。上司に指示された仕事は、同じようでいて、人によってやり方が違って当然。ですから、面白いのです。自分なりのひと工夫を加えてやれば、〝やらされてる感〟は消えてなくなります。どんな仕事も「やらされている」と思うからつまらない。自分にしかできない工夫をするところに、仕事の面白さを追求しましょう。

58

仕事に「愛着」を持つ

——その心は「一つひとつを丁寧に」

●「心がこもっていない仕事」はうまくいかない

私たち僧侶は日々、「作務（さむ）」と呼ばれるお勤めをしています。坐禅や読経以外の掃除や、その他日常的なすべての作業が「作務」という修行なのです。その規範は、「人が人であるための基本行為である」ということ。かみ砕いていうと、「今日はこれをやろうと自分に約束した作務に、一つひとつ丁寧に取り組むことは、人として当たり前にやらなければいけませんよ」とされているわけです。

みなさんの仕事も同じでしょう。今日やらせていただく仕事は、自分が自分と「きちんとやろう」と約束したことなのです。なぜ「丁寧」か。それは、丁寧にやるには、「心を込める」、つまり一つひとつの仕事に集中することにつながるからです。

簡単な仕事だからと、おざなりにしていませんか？

労力がかかる仕事だからと、手を抜いていませんか？

急ぐ仕事だからと、〝やっつけ仕事〟になっていませんか？

そこを反省し、今日から「丁寧に心を込めて」をモットーにしましょう。そして、いい仕事を積み重ねて、さらなる成長を続けましょう。

59

結果を焦らない

――やがて日が当たるときが来る

●世の中は「縁の下の力持ち」を見捨てない

とくに若いうちは、目立たない仕事を地道に積み重ねていくのが望ましいと思います。「一日も早くスタープレイヤーになりたい」と願う気持ちはわかりますが、けっして焦ってはいけません。

たとえば一つのプロジェクトに関わるにしても、どうしたって日の当たるところで活躍する人と、あまり注目されずに「縁の下の力持ち」的な役回りの人とが出てしまいます。ですけれども目立たなくたって、いいではありませんか。

みんながイヤがる仕事でも無心にがんばっていれば、周囲から感謝され、信頼されます。いつか「次はあの人をリーダーにしよう」と推されるようになります。そうしてリーダーになったら、下積み仕事のことや、それをやっている人たちの気持ちがよくわかる分、優れたリーダーシップを発揮することもできるのです。

いま、日の当たらないところにいる人は、いたずらに日の光を求めずに、「みんなを支えていこう」という気持ちを強くしましょう。無欲であればこそ、周囲が応援してくれます。世の中はけっして、地道にがんばっている人を見捨てないのです。

60

基礎体力をつける

——それがあらゆる仕事の成功のもと

●成長する人は「一から学ぶ姿勢」のある人

芸能界を見ていると、長く活躍することの難しさがよくわかります。一〇代・二〇代の若いうちに、ポンとスターになって、すぐに消えてしまう人がなんと多いことか。

一方で、高いレベルで人気を維持し続ける人がいます。その違いはなんなのでしょう。それは、スターになって以後の心構えにかかっているように思います。

打ち上げ花火のように、パッと華やかに閃光を発するも、一時的に終わる人は自らの「基礎体力のなさ」に気づかないのでしょう。そのときの栄光が長続きすると勘違いし、「自分がメインでなければやらない」というように傲慢になってしまうのかもしれません。周囲がちやほやする部分もあるでしょう。

そうではなく、人気に実力が追いついていないことを自覚している人は、たとえ脇役でも、あるいは注目度の低い作品・番組でも、自ら進んでやろうとします。すっ飛ばしてしまった基礎を一から学ぼうという姿勢があるのです。

人間、成長しようと思ったら、遅かれ早かれ、基礎体力をつける時期が必要です。地道にコツコツ積み重ねることでしか、活路は見出せないのです。

61

悪事に手を染めない

——その報いは必ずやってくる

●もし、うまく隠し通せたと思っていても――

近年は〝企業スキャンダル・ラッシュ〟の様相を呈しています。それで手ひどい打撃を被った企業がたくさんあるというのに、なくなりません。とくに最近は、何十年も前から不正をしていたことが露見するケースが増えている印象です。

仏教では、「何か悪事を働くと、自分はうまく隠し通せたと思っていても、末代のどこかで露見しますよ。そのときのダメージは相当大きなものですよ」という教えがあります。いまの世の中では、まさにそういうことが起こっているのです。

「悪因悪果」の「悪果」は、長く隠していた分だけ、膨大な利子がついて出てくる、ということでしょう。実際、そういう企業は倒産したり、買収されたりで、会社が消滅してしまうほどの事態にまで発展する例も少なくありません。とりわけ現代はインターネット社会ですから、「悪事は必ずバレる」と思って間違いのないところ。企業は内部に厳しい〝自浄システム〟を構築するべきでしょう。

それは、個人でも同じこと。悪事にはほんのちょっとでも手を染めてはいけません。そこまでして自分を大きく見せなくたって、幸せに暮らせるのですから。

62

危ない話は毅然と断る

――それこそ「本物のリーダー」

●悪事の入口にふたをする

地位が上がると、当然、決裁権が大きくなっていきます。自分の判断で、いろいろなことを決められるようになるわけです。それはいいのですが、「同時に実績を残さなければいけない」という縛りもきつくなります。そのために「せめて在任中はそこその成績を上げなければ」という意識が働き、自分の中の〝悪い自分〟が「少しくらい、数字をいじってもいいんじゃない？」などとささやきはじめるのです。

そういったささやきへの対応は、最初が肝心。後ろめたさを感じない人はいないでしょうから、即刻、耳にふたをするに限ります。一度受け入れてしまうと、だんだん罪悪感が薄れ、悪事がエスカレートしてしまうからです。

また外部の人から「ここで便宜を図ってくれたら、見返りに……」みたいな話が来ることもあるでしょう。その場合も同じ。最初にイヤな感じを受けたら耳にふたをし、毅然と断ればいいのです。以後、悪い人が寄ってくることはなくなります。

〝悪の甘いささやき〟は聞き入れると「臭いものにふたをする」ことになりますが、聞き入れなければ「悪事の入口にふたをする」ことができるのです。

63

「実績は　やがては過去の　藻屑(もくず)かな」

——自分の価値は「時価」で決まる

●よくても舞い上がらず、悪くても引きずらず

実績が芳しくないと、気分まで下がっていくものです。「ああ、もうダメかもしれない」と悩んで、悩んで、ストレスを溜めている人が多いように見受けます。

ですけれども、そんなにこだわることではありません。なぜなら実績のいい・悪いなど、すぐに〝過去の藻屑〟になって、いつかは消えてなくなるものだからです。

直近の実績がよくても悪くても、それ以上でも、以下でもない、一つの現象に過ぎません。

大事なのは「いまとこれから」。いってみれば、実績は未来に向かって積み上げていくものですから、常に「さぁ、次、がんばろう」と思えばいいのです。

すばらしい実績を出したからといって、舞い上がって努力を怠れば、下り坂の一途をたどります。逆に芳しくなくても、奮起してがんばれば、上昇機運に乗ります。ですから、実績に振り回されずに、常に〝上書き〟していく感覚でいればいいと思います。そのほうが気分的にラクですし、リラックスして仕事に臨めるでしょう。

実績はつまり、〝こだわらない心〟がつくっていくものなのです。

64

余裕をつくる

――キーワードは「主体性」

●常に「ゆとり」があるのが、いい時間の使い方

現代人は〝忙しい自慢〟をよくします。「時間に追われるように、分刻みでスケジュールをこなしていますよ」といった具合に。それはもう、「忙しいですか?」と聞かれて、「いえ、そうでもないですよ」「けっこう暇してます」などと答えると、ばかにされるほど。忙しさが、できるビジネスマンの勲章のように捉えられています。

たしかに、仕事がたくさんあって忙しいのは、悪いことではありませんが、時間に追われているのはどうでしょうか。時間に使われている——〝時間の奴隷〟になっているのも同然ではないですか。

時間というのは、自分が主体となって行動し、有意義に使い切るものです。スケジュールを立てて、そのとおりにこなすのも、自分が主体となっているようでいてじつは違います。時間に追われることにほかならないからです。ゆとりを持たせたスケジュールの中で、「自由に」行動するのが、時間を使うことのできる人といえます。

時間に追われているなと思ったら、ぜひ「汝(なんじ)は十二時に使われ、老僧は十二時を使い得たり」という禅語を思い出してください。主体性を取り戻せるでしょう。

65

「大丈夫、なんとかなる」

——難題に直面したら、こう言い聞かせる

●一休さんが最期に弟子たちに遺した言葉

一休禅師が八七歳で亡くなられた、その直前のこと。弟子たちに「この先、どうしても困ったことがあったら、この手紙を開けなさい」といって、一通の手紙を遺されました。その数年後、弟子たちが本当に困ったことになって、「あの手紙を開けてみよう」となりました。そこに書かれていたのは、

「心配するな、大丈夫、なんとかなる」――。

これほど心強いアドバイスはないでしょう。つい笑ってしまい、心配でいっぱいになっていた心がゆるむと同時に、本当になんとかなると思えてくるでしょう。

困難に見舞われたとき、難題に直面したとき、人の心は非常にざわつきます。それを抑えないことには、頭の中で「どうしよう、どうしよう」が堂々巡りするだけ。であるからこそ、何よりも心を落ち着けることが大切なのです。

難しい局面を前に心配で心がいっぱいいっぱいになったら、笑いながら「なんとかなるさ」とつぶやきましょう。たいていのことはなんとかなるし、なんとかならないものは、どんなに努力してもなんともならないのです。だから心配は無用なのです。

66

保身に走らない

――「失敗しない人は、仕事をしていない人」

●「失敗の本質」とは？「成功の本質」とは？

ある経営者が「失敗しない人は信用しない」といっていました。失敗がないのは、仕事をしていない証拠だというのです。たしかに、仕事量が少なければ失敗が少ないでしょう。ただ評価のうえで減点を減らせる半面、大きな加点はもらえません。

たとえばフィギュアスケートでは、以前、「難易度の高い技術に挑戦して失敗するより、ミスを少なくしたほうが高い得点を上げられる」という採点方法でした。勢い、競技がつまらなくなり、技術力アップを目指してがんばろうとする選手の向上心をも削ぐことになりました。それでも浅田真央選手がどこまでもトリプルアクセルにこだわったように、評価は度外視し、難易度の高い技術に挑戦し続けた選手もいます。結果、技術のレベルに応じて大きな加点のつく方式が取り入れられたのです。失敗を恐れずに挑戦したことが、ルールをも変えたということです。

失敗しないように慎重に行動することは大切ですが、それが保身になると、自分の成長が止まります。成功するまで挑戦し、失敗しても「最終的には、この失敗をなかったことにすればよい」と考えるといいでしょう。減点を上回る加点が得られます。

67

順境もよし、逆境もまたよし

――気持ちが腐りそうになったときの考え方

●たとえば、「異動」もまた無常なのです

仕事には順境もあれば、逆境もあります。どちらもさほど違いはありません。無常の世の中にあっては、順境も逆境も単なる「変化」に過ぎないのです。

その変化がもたらす境遇は、自分の力で無理に変えることはできません。しかし、その境遇の中で自分を生かすことはできます。そうして経験したことが、やがてまた変化の波を起こし、順境へと転じていくのです。

ですから何も逆境にあるからといって、落ち込むことはありません。左遷や意に沿わない異動など、働く場所が変わっただけのことですから、気に病むほどではないでしょう。

世の中には、会社から倒産整理を命じられて子会社に出向し、逆に業績をV字回復させてしまった、なんて強者もいます。その人が左遷人事だと受け止め、落ち込んでばかりいたら、とても成し遂げることはできなかったでしょう。

気持ちが腐りそうになったら、「逆境もまたよし」とでもつぶやいてみてください。与えられた境遇の中で生きていく気力が湧いてきます。

68

仕事に「決着をつける」

――「後回し」は苦痛のもと

●今日やるべきことは、今日やる

仕事の先延ばしが常態化している人は、少なくないでしょう。苦手な仕事や、面倒な雑用、締め切りまでに余裕がある仕事などは、ついつい後回しにしたくなります。理由は「一時的にラクをしたい」から。

しかし、先延ばしにすることは、本当にラクなのか。逆でしょう。その仕事に取り組むまでの間ずっと、頭から「早くやらなくては」「いつかやらなくては」という思いが離れず、〝猶予の時間〟が結局は苦痛でいっぱいになってしまうのです。それがストレスになっている部分が大きいように思います。

私は住職のほかに庭園デザイナーとしての仕事や本の執筆、大学での講義などをしていますが、「時間が足りない」と心が煩わされることはほとんどありません。なぜなら「いただいた仕事は、入った順番にどんどん仕上げていく」ことと、「長期にわたる仕事は、今日やると決めたものは必ず今日やる」ことを原則としているからです。

みなさんも、今日やると決めた仕事はその日のうちに決着をつけることを習慣にしましょう。やるべきことをやらないでいる苦痛に比べたら、ずっと心がラクですよ。

69

最後まで「やりきる」

――たとえ、ときには残業をしてでも

●仕事を「時間で区切る」のは効率が悪い

時間を効率的に使おうとするあまり、時間に余裕のないスケジュールを組むと、逆に仕事の効率を下げてしまうことがよくあります。

たとえば会議。時間を決めたばかりに、「あと一〇分で結論が出る」のに、「次に持ち越し」なんてことになり、また会議の時間を設けなくてはならなくなります。時間内に結論を出すのがベストですが、あと一〇分で出るのであれば、たとえ残業になったとしても延長したほうがいいでしょう。

また仕事ごとに取り組む時間を決めると、中途半端なところで次の仕事にかからなくてはならなくなる場合も出てきます。

別のところでスケジュールを取るのも手間ですし、流れが途切れるので、再びその仕事に取りかかったときにきわめて効率が悪くなるのです。

そんなふうにならないためにも、スケジュールにはプラス一〇分とか二〇分の時間的な余裕を持たせるのがベストです。時間が余ってもいいではありませんか。それをリフレッシュタイムに当てるのもまた、仕事の効率を上げることにつながります。

4章

老いを感じたら

――変化に逆らわない、変化を受け入れる

70

ムダな抵抗はやめる

——誰もが老いる。それは自然の摂理

●「アンチ・エイジング」なんて苦しみが増すだけ

近頃は「アンチ・エイジング」なる言葉があって、老いに抵抗しようとがんばる人が増えているようです。ですが、それはムダな抵抗以外の何物でもありません。「人は誰もが老いる」という自然の摂理に逆らったところで、苦しみが増すだけです。

たとえば五〇歳の人が、「四〇歳前後の体と心をキープする」ために努力をしているとします。それなのに、人から「四〇代後半ですか」といわれると、すごいショックを受けるでしょう。「こんなに体を鍛えて、こんなに体にいい食事をして、こんなに美容に気を使って、こんなにエネルギッシュな暮らしをしているのに、どうして年齢なりにしか見られないんだ。もっとがんばらねば……」というふうに。

少しでも若く見られれば「あー、よかった」でいい。「まだ努力が足りない」と思うことはありません。どんなに若く見えても、実年齢は厳然としてあるのですから、いいではありませんか。ある人は年齢を聞かれると、いつも実年齢を五歳上乗せするそうです。それでみんなに「えー、お若いですね」と驚かれるのがうれしいといっておられました。そんな程度の気持ちでいるのがちょうどいいように思います。

71

「体力をつける」より「元気を保つ」

――無理せずゆるりといけばいい

●老いに「逆らう」のではなく「寄り添って」生きる

「まだまだ自分は若い」と思いたいのはわかりますが、無理は禁物です。老いに向かう自分を、あるがままに受け入れましょう。

まっさきに衰えを感じるのは、体力でしょう。たとえば階段。いままでは五階くらいまではふつうにのぼれたのに、二、三階辺りでもう息切れする。当たり前のことです。「運動不足解消のために、駅などでも階段を使いなさい」とはよくいわれますが、あんまり苦しければエレベーターやエスカレーターを利用するのが身のためです。

また歩いたり、走ったりするトレーニングもほどほどに。段階に沿って鍛えていくならまだしも、急にがんばると大ケガのもとです。

ほかにも近くが見えにくくなる、太る、固有名詞が出てきにくくなる、髪の毛が薄くなる、体のあちこちに不調が生じる……加齢現象はさまざま。そんなとき、自分にプレッシャーをかけてはいけません。「年を取るって、こんなもんだよね」と受け入れる。それだけで、心はぐっと軽くなります。そのうえで、老いに寄り添って、のんびりと生きていくほうが、無理してがんばるよりむしろ元気を保てると思います。

72

朝を楽しむ

――これこそ年を取った甲斐があるというもの

●たとえば、酒席からは早々に退散する

「若い頃は、二日や三日徹夜しても平気だったのになぁ」

中高年の方から、そんなぼやきをよく聞きます。

あたかも徹夜をしたいかのよう。まだまだがんばれると思うのでしょう。ただ、それで「昔取った杵柄（きねづか）」よろしく、無理して徹夜をしてごらんなさい。翌日は頭も体も〝使いもの〟になりません。

それよりも「夜に弱くなってきた」ことを認めて、夜は〝早じまい〟をして、早朝からがんばればいいのです。間違いなく、朝には強くなりますから。

また若い人に対抗するように、夜遊びをしたり、二日酔いするほど大酒をあおったりすることもやめたほうがいい。「もう帰って寝たい」と思ったら、早々に酒席から退散するまでのこと。翌朝の目覚めが違ってきます。

そうして〝失った夜の時間〟を、早朝に振り替えてはどうでしょう。仕事するもよし、趣味や散歩、運動などを楽しむもよし。新たに獲得した朝の時間は、意外と使い出があります。「朝の恵み」を得られるのは、年を取る甲斐のあることの一つです。

73

体をとことん、いたわる

——疲れたら、休む。隙間時間も、休む

●寸暇を惜しむようなことはもうやめる

若い頃はみんな、寸暇を惜しんで働きます。その中で〝隙間時間〟を大いに活用したことでしょう。一〇分・二〇分のわずかな時間があったら、できる仕事で埋めていく。そうして〝隙間時間の仕事〟を積み重ねれば、効率的にたくさんの仕事ができますからね。

しかし五〇歳前後になったら、そこまで遮二無二働くこともないでしょう。集中力が長く続かず、疲れやすくなるので、〝隙間時間〟ができたら迷わず、休息に当てるのがいいかと思います。ちょっと休むことで、体も頭もぐんと回復するのです。

その際、強烈な眠気に襲われたなら、横になって寝てしまうのがベストです。聞くところによると、横にならないと脳は眠ったと認識せず、頭は安まらないそうです。机に突っ伏して寝るよりも、数段、上質な休息を取ることができます。

また可能なら、昼休みを一時間から一時間半に延ばすとか、体力と相談しながらこまめに一〇分程度休憩する、といった工夫をするのもおすすめ。そんなふうに体をいたわってあげることが、結局は体力の維持につながるのです。

74

「仕事の勘どころ」を伝授する

——ベテランが若者たちに教えるべきこと

●若い人と同じ土俵で勝負するのはもうやめる

東神奈川にある日産の工場では、定年退職をした技術者がGTRを手づくりで生産して、若い人に見せているると聞きました。技術一筋できた熟練の技術者たちには、若い人にはとてもマネできない〝手技〟があるそうです。

彼らは指先のわずかな感覚で部品を削ったり、音でエンジンを調整したりしながら、高い精度で車をつくっていく。その技術たるや、若い人どころか、機械にもマネできないものなのです。

技術者に限らず、どんな仕事の人にでも、若い人にはマネできない何かがあるのではないでしょうか。年とともに積み重ねてきた経験や、その経験に基づいて研ぎ澄まされてきたカンというのは、何物にも代えがたい財産。加齢とともに体力は衰えても、どっこい経験がますます生きてくるのです。

もう若い人と同じ土俵で勝負するのはやめましょう。そこからはスッと身を退き、年を重ねたなりのワザとカンで「どんなもんだい」と若い人を引っ張り上げていく。それが老いることの大きな喜びにつながると思います。

75

物欲を小さくする

——人生を豊かにする「知足の精神」

●老いては欲張るほど心が貧しくなる

「執着の強い人は、ヒマラヤの山を黄金で埋めても、まだ満足しない」

これは、お釈迦さまの言葉です。「執着が強い」とは、いまの自分の状況に満足できず、「もっと、もっと」と富や豊かさを過分に求めることです。

つまり執着が強いと、どんなに恵まれても満足できないため、結局は心を貧しくしてしまうことになるわけです。

いいかえれば「知足」。どんな境遇にあろうと、いまの自分の状態に満足することです。たとえその状態が周囲からは十分ではないように見えても、自分が十分だと思えば十分。とても気持ちがラクに、豊かになります。

この話をすると、よく「向上心はゼロにしなさい、ということですか？」と質問されます。それは間違い。いまの状態に満足しながら、目標に向かって進んでいく、ということです。

人間、いくつになっても何かを目指して生きていきたいもの。富や名声ではなく、物欲に引きずられるのでもなく、心が豊かになる何かを見つけましょう。

76

「老いの苦しみ」を見せない

——「あの人のように年齢を重ねたい」と思わせる

●年長者に求められる「薫習（くんじゅう）」とは

「超高齢化社会」という言葉には、マイナスのイメージがつきまとっています。ニュースを見れば、老々介護や、独居老人、貧困など、暗い話ばかり。たしかに、それが現実なのでしょうけど、そういった〝苦しい老後〟を見せられる若い人はどう思うでしょうか。おそらく「年は取りたくないな」というのが正直なところでしょう。

それは、あまりいいこととはいえません。年長者には、若い人たちに「あの人のように年齢を重ねたい」と思ってもらう責任があるのです。

「薫習」という禅語があります。もともとは、衣をしまうときに、防虫香といういい香りのするお香を衣に染み込ませることを意味します。季節がめぐって、またその衣に袖を通すと、本当に気持ちがいいものです。そこから転じて、「あの人のようになりたい」と思う人のそばに長年ついていると自然とそのようになってゆく。これを「薫習」といいます。年長者にはまさに「薫習」が求められます。高齢者を取り巻く現実は厳しいものがありますが、一人ひとりが若い人たちに何か希望を与えられるような香りを放つことは不可能ではないはずです。

77

人格を円くする

——何があっても「まあ、そんなこともあるさ」

●怒りを「腹に収める」方法

近頃は「キレやすい老人」「暴走老人」などと称される年配者が少なくありません。それは、とても残念なこと。長く生きてきた中で、さまざまなことを経験し、ちょっとやそっとのことには動じない「穏やかな人格」を磨いていくのが、人生ではありませんか。年を取って怒りっぽくなるのは、じつは恥ずかしいことなのです。

怒りというのは、人を自分の思いどおりに動かそうとすることから生じます。そんなことを望むこと自体が間違いです。自分の身一つだって、思いどおりにはいかないのに、他人をコントロールしようだなんて、土台無理な話なのです。

もし誰かが気にくわないことをいったり、したりしたときに、怒りを爆発させる前に、まず深呼吸。そうして心の中で「ありがとさん、ありがとさん、ありがとさん」と唱えてみてください。怒りがお腹の辺りで止まって、頭まで上がらず、気持ちが落ち着いてきます。これを何度か繰り返すうちに、怒りっぽくなくなってくるはずです。

五〇歳を過ぎたら、怒りっぽさがつくる〝人格の角〟を取って、円（まる）く、円くを心がけましょう。いつも上機嫌でいることは人間的成熟度の高い証なのです。

78

成功はすべて「過去のもの」

——自分のやり方を押しつけるのは傲慢

●〝ガンコ〟ほど嫌われるものはない

若い頃に苦労して成し遂げたことは、なかなか忘れ難いものでしょう。そのためについ、「あのときと同じやり方をすれば、うまくいく」という〝幻想〟を抱きがち。それが〝年寄りのガンコ〟として表われてしまうことがよくあります。

自分の若い頃を思い出してください。昔のやり方を押しつけてくる上司に、「時代が違うんだよ」と反発を感じませんでしたか？　自慢話めいたことを繰り返し聞かされて、「またあの話か」とうんざりしませんでしたか？

いまの若手も同じです。誇るべき実績がどれほどあっても、すべては過去のもの。時代が変われば、仕事のやり方もモノ・サービスに求められる価値も、表現方法も、すべてが少しずつ変わってきているのです。むしろ〝過去の遺物〟は捨て去り、若手の考えや意見に耳を傾け、積極的に取り入れていくべきでしょう。

そうした姿勢を持つ、いいかえればガンコさをなくすことが、自らの頭の柔軟さを保つことにつながります。場合によっては、若手のほうから「昔はどうやっていたんですか」とアドバイスを求められるかもしれません。〝柔らか頭〟になりましょう。

79

「いま」輝く人になる

——「過去の栄光」はなんの役にも立ちません

●周りをシラけさせる、こんな自慢話

五〇歳を過ぎると、クラス会やら同期会やらが頻繁に開かれるようになります。忙しく過ごした三〇代、四〇代と違って、時間的にも気持ち的にも余裕ができるし、昔をなつかしむ気持ちが強くなるからでしょう。そういう場に出かけて、昔話に花を咲かせるのも楽しいもの。悪いとはいいません。

ただ〝過去の栄光話〟をひけらかすのは感心しません。退職間近、あるいはすでに退職した身であるのに、「こんな実績を出して、私は専務まで上り詰めたよ」「現役の頃は大プロジェクトをいくつも成功させてね……」といった話を聞かされても、周りはシラけるだけです。そういう人はみんなで集まるたびに同じ話をする傾向があるので、最初は「すごいね」と聞いてくれても、だんだん遠ざけられます。

おそらく潜在意識に、「自分は偉かったんだぞ。一目置けよ」と思わせたい気持ちがあるのでしょう。しかし周囲は一目置くどころか、「いま、語ることがないんだな。過去にしがみつくしかないんだな」と憐（あわ）れむだけ。せっかくの栄光もくすんでしまいます。「過去の栄光」など捨てて、いま輝く人になりましょう。

80

〝年相応〟にこだわる

——身なりも、心も、生き方も

●年齢にふさわしい大人の魅力

若さは「つくる」ことのできるものではありません。どんなに派手な色の服を着ても、若者の間で流行している言葉づかいを真似てみても、〝若づくり〟はどこまでいっても〝つくられたもの〟。似合っているならまだしも、そうでなければみっともないものです。どんなにがんばっても、本当の若さには太刀打ちできないのです。

そんな〝若づくり〟に挑むより、年齢なりにふさわしいもので自分を表現したほうがいい。これまで生きてきた積み重ねが感じられ、等身大の自分の魅力が際立ちます。

知り合いに面白い方がいらっしゃいます。彼は「こうありたい自分像」を少し高めに設定して、「物」に置き換えて努力をしています。たとえば服や時計などを買うとき、「この持ち物が似合う自分になる」ことを目標にするわけです。

そうして「この服には、どんな身のこなしがふさわしいかな」「この時計には、どんな振る舞いがふさわしいかな」「この靴には、どんな歩き方がふさわしいかな」というふうに考えるそうです。より高きを目指して気を上げる効果がありそうです。

若々しさを演出する一つの方法として、参考にしてください。

81

孤独と「友になる」

――一人静かに、豊かに、自由に生きる

●こんな暮らしに、あこがれませんか？

イギリス政府は先頃、「孤独担当大臣」なるポストを新設したそうです。目的は、孤独に苦しむ人を救うこと。しかし、どうにも「孤独」という言葉に抵抗感を覚えます。「孤立」なら、わかるのですが。

それはさておき、私は「孤独」を肯定的に捉えています。周囲との交わりが一切絶たれる「孤立」と違って、「孤独」には一人静かに、心のおもむくままに暮らす楽しさと自由を感じるからです。

たとえば西行（さいぎょう）さんが山の中に庵をつくって、自然に親しみ、好きな本を読んだり、歌を詠んだりしながら一人静かに暮らし、気が向くと町に出てみんなと交流したように。そういう暮らし、あこがれませんか？　禅には、出家行脚の境涯をたとえた「樹下石上（じゅげせきじょう）」「山林樹下（さんりんじゅげ）」といった言葉があり、滝の音を聞きながら坐禅をして日を過ごすことが理想とされてきました。日本には古来、そういう風土があるのです。

「孤独に負けるもんか」とばかりに活動的に暮らさなくてもいいではありませんか。年を取ったら孤独を楽しむことにこそ、重きを置く。それも一つの幸せの形ですよ。

82

〝一病息災〟の気持ちで生きる

――心はゆったり、対応は素早く

●健康維持のためのブレーキはここにある

健康はすべての生命活動の基本です。「無病息災」が理想といえば理想でしょう。とはいえ、無病であるがゆえに健康を過信することがなきにしもあらず。「自分は丈夫、病気知らずだから大丈夫」とばかりに、体に無理を強いてしまいがちです。加えて健康診断すら受けないでいると、ある日突然、病気になる場合もあるでしょう。「一病息災」という言葉があるように、持病の一つもあったほうが、健康に注意して、かえって長生きできることも多いようです。体に負担をかけないようにする分、健康を維持しやすいのではないかと思います。

いまはなんら健康不安のない人は、病院に行く必要はありませんが、せめて年に一度くらい健康診断を受けて体の状況を押さえておくといいでしょう。もし不具合が見つかれば、早期発見・早期治療で大事に至らずにすみます。

また病気とまではいかなくても、ちょっとした体調不良のあるときは、けっして無理をしないこと。健康を維持するためのブレーキだと思って、休むようにしましょう。年を取ると回復も遅くなるので、早めに手を打つのが一番なのです。

83

自分の体と「よく相談する」

――ちまたの健康情報に要注意

●「腹八分目」は最高の健康法

修行中の禅僧の一日の食事量は、おそらく千キロカロリーに満たないのではないかと思います。ですから、たいていの人は二週間から一カ月で、脚気(かっけ)か栄養失調か、どちらかの症状が出ます。いまの健康常識からいえば、全員が〝病人〟です。

しかし病院に行かなくても、三カ月もすると回復します。さらに三カ月くらい経つと、あれほど苦しんだ空腹感もなくなります。おまけに半年から一年で毒気が抜けるのか、お肌はすべすべ。色黒だった人も色白になります。この経験から私は「人間の体に潜在的に備わっている治癒力のすごさ」を実感しました。

それで思うのは、食事は体にやさしい野菜類を中心にして、お腹いっぱい食べないように気をつけるのが一番の健康法だということ。ちょっと空腹なくらいのほうが、頭も冴えて、眠くならないし、体調もいいように思います。肉・魚を食べるなとはいいませんが、無理して動物性タンパク質にこだわることもありません。週に一日でいいですから「野菜だけの日」などをつくるといいのではないでしょうか。

食事だけでなく健康法はすべからく、自分の体と相談しながらやるのが一番です。

84

「長生き」を目標にしない

――人生とは「一瞬の積み重ね」に過ぎず

●長生きは「結果」であり、「目的」ではないはず

いまや「人生百年時代」。しかし大切なのは、「長さ」ではありません。何歳まで生きようが関係ない。いかに充実した人生を送ったか、今際(いまわ)のきわに「これで死ぬのも本望」と、満足できる人生だったか、そこを考えたほうがいい。

つまり生きている「いま」にフォーカスして生きる。「長生き」はあくまでも結果であり、生きる目標ではないと思うのです。たとえば「長生きするために、ひたすら健康にいいことだけを考えて、自分のやりたいこともせずに暮らしました」というのでは、本末転倒というものでしょう。道元禅師は人の生死を、薪と灰にたとえて話されています。「薪が燃えて灰になる。しかし薪が生で、灰が死かというとそうではない。薪も灰もそれぞれ自らの役割を全うしている。同じように生きている間は生き切り、お迎えが来たらすべての因縁を断ち切って死に切ることだ」というのです。これを禅語で「前後裁断(ぜんごさいだん)」といいます。生きている間は生きることだけを考えて、一瞬、一瞬に集中しましょう。そうして日々の密度を高めていけば、結果、何歳まで生きるかなど、気にならなくなります。

85

死ぬときは死ぬ

――それが無常の命の終着点

●「死ぬる時節には死ぬがよく候」

右は良寛さんの言葉です。「災難に遭う時節には災難に遭うがよく候」ともいっていて、まさに生きている限り、避けようのない事象はそのまま受け入れていくしかない、ということを表わしています。

そうはいっても「死ぬのは怖い」。その気持ちはわかりますが、いくらジタバタしたところで、死ぬ時節を先延ばしにすることは不可能です。

仏教では「定命（じょうみょう）」といって、人間はみんな、定まった命をいただいてこの世に生まれてきたと考えられています。自分の定命がどのくらいかは、誰にもわかりません。わからないことは、いくら考えてもわからないのですから、もう考えるのはやめにしましょう。それこそ時間のムダです。

そんな暇があったら、目の前にあるやるべきことをやったほうがいい。前項でいったように、人生の密度が高まります。

もし死への恐怖を感じたら、自分にいい聞かせてください。「定命はいつとは知れぬもの。死ぬ時節には死ぬがよろしい」と。恐怖にざわつく心も落ち着きます。

86

「生前戒名」を授かってみる

――すると、生き方が美しくなる

●「戒名にふさわしい人生を送る」という発想

私は年間一〇人くらいの方に「生前戒名」を授けさせていただいています。生まれたときからの境涯やご自身の性格、趣味、座右の銘、好きな字など、一時間ほど話をさせていただき、それに私が存じ上げているその方の人となりを加味して、二つ、おつくりしています。一つだけだとお仕着せがましくなるので、二つのうち一つをご本人にお選びいただいているのです。

なぜ「生前戒名」がいいのか。それは、残りの人生の戒めとなるからです。「戒名に恥じない生き方をしよう」「周りの人のお手本となる振る舞いをしよう」と、気持ちが引き締まるのです。

つまり戒名があることによって、人生の有終の美を飾ろうという気概を持てるわけです。じつは江戸時代くらいまでは、当たり前に行なわれていた儀式なのです。

みなさんも死を意識する年齢になったら、「生前戒名」をつけていただいたらいかがでしょうか。戒名にふさわしい、また自分らしい人生を送る最後の目標となって、それが生きがいにも感じられると思います。

5章

将来が不安なら

――「いま」できることだけに、集中する

87

やれるだけのことを、やる

――人生は、それでいいのです

●「心配のために心配する」のは時間のムダ

どういうとき、心に心配が生じるか。おもに二つの場合があります。

一つは、先の予測が立たないとき。どうなるかわからないために、目の前にあるやるべきことに手がつかないくらい、心配してしまうのです。いうなれば、「心配するために心配している」状態です。

しかしいくら考えても、先のことは誰にもわかりません。心配するだけ時間のムダというものです。漠然と心配するのではなく、どうなると困ったことになるかを具体的に考え、一つひとつ手を打っていくしかありません。

もう一つは、さぼったり、準備が十分でなかったりしたとき。こうなったら、物事は心配したような方向に転がっていきます。心配するのではなく、いまからでも遅くはない、やるだけのことをやるまでです。

そんなふうに〝心配の種〟をつぶしていくと、「なるようになるさ」という気持ちになります。やるだけのことをやったという安心感を持って、先がどうなろうと、それを迎え入れることができるようになるのです。

88

目先のことだけに対処する

――すると、余計な不安が消えていく

●たとえば、その不安を取り出せますか？

禅宗の初祖である達磨（だるま）大師と、その弟子・慧可（えか）の話を一つ。

あるとき、慧可が達磨大師に「私の心はいつも、不安でいっぱいです。どうかこの不安を取り除いてください」といいました。

すると達磨大師は答えて曰く。

「よし、ならば私がその不安とやらを取り除いてあげよう。まず、不安を私の目の前に出してごらん」

慧可は困ってしまいました。そして気づいたのです、自分の心にある不安には実体がないことに。

どうですか？　みなさんが抱えている心配や不安もそうではありませんか？

「起こっていないこと」に対して、自分の心が勝手につくり出したものに過ぎないのです。

そこに気づくと、あれこれ心配することがばからしくなってくるでしょう？

いま起こっていることだけを考えればよいのです。

89

「心配事の九割は起こらない」

――先のことは、先のこと

●〝妄想〟するなかれ

禅では「莫妄想（まくもうぞう）」――「妄想する莫（なか）れ」と説いています。この場合の「妄想」は、心を縛るものすべてを意味します。心配や不安はその最たるもの。心ががんじがらめになり、行動力が奪われてしまいます。

とはいえ、仕事でも日常でも、「先を読む」ことが必要な場合は多々あります。そのときのポイントは、「先を読む目的は心配することではなく、いまの行動を決めることだ」と、自分で自分を得心させることにあります。

「こうなったら大変だから、いまこれをやっておく」

「こう物事が動いていくのが望ましいから、いまこれをやっておく」

というふうに、とにかく「いま」に引きつけることで、心から心配や不安を追い出してしまうのです。もちろん思いどおりに事が運ばないこともありますが、うまくいかなくてもともと。先のことをいま心配してもしょうがないので、「先のことは先のこと。そのときに考えればいい」くらいの気持ちでいるのがちょうどいいかと思います。実際、「心配事の九割は起こらない」のですから。

90

坐禅をしてみる

——心をリセットする最高の方法

●〝負のスパイラル〟から抜け出すために

私が住職を務める建功寺では、週に一度、「坐禅会」を開いています。参加される方はみなさん、不安や心配、悩み事などをたくさん抱えていらっしゃいます。ところが坐禅を組み、静かに自分自身と対峙することで、頭の中のもやもやが晴れるのでしょう。すっきりした表情で帰宅の途につかれます。

最近はこの種の会を催すお寺が増えていますので、坐禅のやり方を習得するためにも、一度参加してみてはいかがでしょうか。なかには「坐禅をしても、頭の中にいろいろなことが浮かんできて、なかなか無心になれない」とおっしゃる方がいますが、浮かんできたってかまいません。それにとらわれないで、右から左に流していく、そのコツを覚えるといいでしょう。たとえるなら、静かな水面に小石を投げたときのようなもの。広がった波紋をなくそうと手を入れず、そのままにしておくと自然と静かな水面が戻ってくる。そういう感覚です。

やり方を覚えたら、自宅で寝る前に坐禅をする習慣を持つことをおすすめします。ぐっすり眠れて、心配が心配を呼ぶ〝負のスパイラル〟を断ち切ることができます。

91

「どうにでもなれ」と思ってみる

――「諦念（ていねん）」とは「道理を悟る」こと

●「無心で臨む」とはこういうこと

不思議なことに、ネガティブな思考でいると、物事は悪いほうに進むものです。思考が現実を引き寄せてしまう部分があるのです。

そうであるならば、いっそ「あきらめる」のも一つの方法です。「どんなに心配したって、うまくいく保証はないんだから、もういいや。あきらめちゃおう」というふうに。少なくとも、心はぐんとラクになります。

ただし、そこに「逃げ」の気持ちが入ると、心配した以上に心配な状況を招く恐れがあります。

気の持ちようとしては、「どうにでもなれ」がいいでしょう。これなら、目の前のことに無心で臨めます。

あきらめ、つまり「諦念」というのは、じつは「道理を悟る」ことを意味します。その意味では、「人生は思いどおりにはいかない」のも一つの道理なら、「何かをあきらめなければ、何かを得ることはできない」のもまた一つの道理です。この〝小さな悟り〟があれば、気持ちも新たに前に進むことができます。

92

身の丈を知る

——お金はどうせ入ってきた額しか使えません

●メディアの「脅し」に乗らない

メディアではしょっちゅう、人生に必要なお金を試算したデータを報道します。結婚資金にはじまり、マイホーム取得資金、子どもの教育費、老後の資金、医療代、介護代、葬儀代など、「このくらい蓄えが必要です」というふうに。

それがまた、たいていの人が「えーっ！」とのけぞってしまうような大きな数字。お金の心配が増えて当然です。その心配につけ込むように、保険だの投資だの資産運用だのローンだの、さまざまな話が舞い込んでくるような仕組みになっています。

しかしその試算の中には、数字のトリックが多くふくまれています。とても高価なマイホームだったり、小学校から大学まで私立の学校だったり、ゆとりのありすぎる生活だったり。〝最大値〟を取っている場合が多いようです。そういった数字は参考程度に留め、自分の身の丈で考える必要がありそうです。

そもそもお金は、入ってきた額しか使えません。足りないと心配などせずに、「やりくりでなんとかする」くらいの気持ちでいれば十分。少なくとも、いらぬ心配に心が煩わされることがなくなります。

93

生きている実感をつかむ

——朝晩のひとときが〝幸運体質〟をつくる

●幸せを感じるのは、いつだって〝ちょっとした瞬間〟

幸福の基準は人それぞれ。これを食べたら幸せ、これを持っていたら幸せ、これができたら幸せ、といったステレオタイプの幸福はありません。メディアが盛んに紹介する〝絵に描いたような幸福〟は、どれもお金とモノ頼み。単なる幻想です。

大事なのは、どんなとき、自分は幸福感で満たされるのかをつかむことでしょう。といっても、幸福感をそう大げさに考える必要はありません。「今日も生きている」という実感を得られるときは、いつだってちょっとした幸福感に満たされるではありませんか。日々移ろう中で、自分の命を感じられれば、それが幸福感なのです。

幸福に対して敏感になるためには、朝晩のひとときがとても大切です。朝目覚めたら、「今日も新たな一日を過ごせる。幸せだなぁ」と思う。ちょっと庭に出て深呼吸をしたり、近所を散歩したりして、昨日とは違う景色を眺めて、「幸せだなぁ」と思う。また夜は、寝る前に「今日も一日を終えられた。幸せだなぁ」と思う。

そういった時間を持てば、それだけで〝幸福体質〟が磨かれます。昼間は仕事や雑事に気を取られるので、朝晩のひとときを〝幸福時間帯〟にしましょう。

94

感極まったら大いに泣く

――人はこうしてたくましくなる

●うれしいとき、悲しいとき、悔しいとき

大の大人が泣くのはみっともないでしょうか？

そんなことはありません。

もちろんちょっと叱られただけで泣くとか、ささいな失敗でめそめそする、感動するほどでもないことに目を潤ませるなど、人前でしょっちゅう泣くのはどうかと思いますが、感極まって流す涙は大変美しいものです。

なぜなら涙は、物事に真剣に取り組んだからこそ、湧き上がってくるものだからです。うれし涙にしろ、悔し涙にしろ、悲しくてあふれ出る涙にしろ、現実を重く受け止めてがんばってきた経緯がなければ、そう簡単に流せるものではないのです。

ですから真剣に物事に取り組んだあとは、その結果がどうであれ、大いに泣きましょう。涙といっしょに、心をふるわせた出来事も流れ去り、気持ちが晴れ晴れします。「よし、これからまたがんばるぞ」と奮い立つこともできます。

そう、涙を流したあと、人は以前よりもたくましくなる。そんな〝いい涙〟をたくさん流した人は、間違いなくいい人生を生きることができると思います。

95

失うものなど何もない

――「本来無一物」という禅の教え

●ゼロから始まり、ゼロで終わる

私たちはみんな、手ぶらで生まれてきました。服も着ていなければ、持ち物もなく、文字どおり素っ裸。あるのは命と、その命の宿る肉体だけです。もっといえば、心はまっさらだし、知識も経験も人間関係も、何もかもがゼロです。

生きるとはつまり、ゼロの上にさまざまなものを増やしていくこと。ただ死ぬときはまた、生まれたままの姿に戻り、手ぶらで旅立っていきます。

その真理の上に立てば、なくすと困るものは命以外に何もないと思いませんか？

そうであったら、何かを失うことを恐れたり、心配したりする意味もありません。

もっとも人間には、一度手にしたものは手放したくなくなる習性があります。これがやっかい。地位・権力・名声でも、友人・知人でも、お金でも物でも、何かを失うかもしれない危険に直面したときは、心の中でこうつぶやきましょう。

「本来無一物、本来無一物、本来無一物……」

人としての原点に返ったとき、「失うものは何もない。命があれば十分だ」という気持ちになれるはず。この〝小さな悟り〟ほど、人を強くするものはないのです。

96

無理に白黒つけない

——物事に「折り合いをつける」方法

●グレーゾーンを大切にする、という知恵

禅は、物事を二元的に考えることを嫌います。たとえば白と黒があれば「どちらもあって当たり前。両方を踏まえて、真ん中をいきましょう」という考え方です。

そこは、西洋の一神教と大きく違うところ。キリスト教もイスラム教も「悪はつぶさなくてはいけない。それは聖戦だ」とするから、いつまで経っても戦いが終わらないのです。その点、仏教は「善も悪もある」ことを前提にしているので、白黒はっきりさせて「やっつけちゃえ」とはなりません。ですから、宗教戦争がないのです。

私たちの日常にも、二者択一で考えないほうがいい場合はたくさんあります。「こっちを立てれば、あちらが立たず。あっちを立てれば、こちらが立たず」で、どちらを選んでも、心配の種が増えるだけではありませんか。

そうならないように、「こちらも立てて、あちらも立てる」「こちらのいいところと、あちらのいいところを取る」というふうに、両方にいいようにはからえばいいのです。そういう方式なら、「白黒、はっきりしろ」と怒る人もいないでしょう。あいまいさはむしろ、誰かを傷つける心配を減らしてくれる妙策でもあるのです。

97

人生も命も、すべて「レンタル」

――最期はそれをお返しするのです

●「与えられた人生」から「お返しする人生」へ

私たちは親を選んで生まれてくることはできません。生まれてくる時も、場所も選べません。ですから、仏教では、「生」、生まれることを「四苦――生老病死」の一つとしているのです。人生において四苦は、避けられないものだからこそ、苦しみを受け入れて生きていこうと悟ることが大切なのです。

それはさておき、ご先祖さまからご縁をいただいてお預かりしているのが命。その命が営む人生で得たものは、何一つ自分のものではありません。日々の修行によってきれいに磨き上げ、お返しししなければならないのです。

もし人から大事なものを預かったら、返さなくてはいけないから、大事に、大事に、傷つけないようにしますよね？　命も同じ。「いつかはお返しする」ことを念頭に置きながら、少しでも輝くように大切にしていくのが本来のあり方です。その意味では、自殺はその尊い命を傷つけることですから、もってのほかなのです。

自分の人生は「お返しする命の営み」であることを思えば、心配事にいちいち煩わされている場合ではありません。日々を大切に生き切りましょう。

98

すべての経験を糧にする

——そのときはつらく、苦しくても

●人生は、いいことばかりではないのだから

「悪いことが起きませんように」という気持ちは、裏返せば、「いいことばかりの毎日」を願うということです。それは、ある意味でわがままといえます。

人生は山あり、谷ありですから、そんなことはありえません。しかしながら「いいこと」の解釈を変えると、そんな夢のような毎日が手に入ります。その解釈とは、「いま、このときにしかない経験をさせていただいている。その経験自体には、いいも悪いもない。今後の行動・努力しだいで、なんだっていいことになる」というものです。

実際、そのときはつらく、苦しくても、あとになって「いい経験だったなぁ」と思うことは多いはずです。すべての経験がその後の成長の糧になるのです。

このことを禅語で「日々是好日（にちにちこれこうにち）」といいます。

日々の暮らしの中で、今後について「うまくいかないかも」とか「失敗するかも」といった心配がよぎったら、「日々是好日」と自分にいい聞かせましょう。ラクな気持ちで何事にも向かっていけます。

99

幸せの数だけかぞえる

──「人生の満足度」の高め方

●思い出は塗り替えることができる

いい人生を生きた方はみなさん、亡くなるときにとても穏やかな表情をされています。逆に、病気の痛みに苦しんだ方は別にして、眉間にシワを寄せた苦しげな表情で亡くなる方もいらっしゃいます。

その違いは「人生に対する満足度」にあるのではないでしょうか。

穏やかな死に顔の方は、「あれもやった、これもやった、こんなにいい出会いがあった」と、自分が今生で得た幸せをかぞえるから、人生の満足度が高い。一方、険しい死に顔の方は、「あれもこれもできなかった、憎たらしいヤツがいっぱいいた」なvarどと、やり残したことをかぞえるから、人生の満足度が低い。そんな気がします。

ですから、幸せをかぞえましょう。人生で起きたことは、いいことも悪いことも、煎じ詰めれば今日ある自分には必要なことだったのです。「すべてが幸せにつながった」と思えば、苦い思い出さえも幸せな思い出に塗り替えられます。天寿を全うできたこと自体が幸せなことだからです。そういう心持ちで余生を過ごせば、不満を抱えたまま死ぬことなんてありえません。何も心配はいらないのです。

本書は、本文庫のために書き下ろされたものです。

枡野俊明（ますの・しゅんみょう）

1953年、神奈川県生まれ。曹洞宗徳雄山建功寺住職、庭園デザイナー、多摩美術大学環境デザイン学科教授。玉川大学農学部卒業後、大本山總持寺で修行。禅の思想と日本の伝統文化に根ざした「禅の庭」の創作活動を行ない、国内外から高い評価を得る。芸術選奨文部大臣新人賞を庭園デザイナーとして初受賞。ドイツ連邦共和国功労勲章功労十字小綬章を受章。また、2006年「ニューズウィーク」誌日本版にて「世界が尊敬する日本人100人」にも選出される。近年は執筆や講演活動も積極的に行なう。

主な著書に、『心配事の9割は起こらない』『リーダーの禅語』『考える前に動く習慣』（以上、三笠書房）、『禅、シンプル生活のすすめ』『禅「心の大そうじ」』（以上、三笠書房《知的生きかた文庫》）などベストセラー・ロングセラーが多数ある。

知的生きかた文庫

小さな悟り

著　者　枡野俊明
発行者　押鐘太陽
発行所　株式会社三笠書房
〒一〇二-〇〇七二　東京都千代田区飯田橋三-三-一
電話〇三-五二二六-五七三四〈営業部〉
　　〇三-五二二六-五七三一〈編集部〉
http://www.mikasashobo.co.jp
印刷　誠宏印刷
製本　若林製本工場

ISBN978-4-8379-8542-6 C0130

C50327